ISK経営塾塾頭／経営コンサルタント
ゼントレプレナー（Zentrepreneur）
飯塚 保人 著

禅で変わる勇気

はじめに

近年、禅や坐禅への関心が高まっています。古くは、アップルの創業者であるスティーブ・ジョブズが禅に魅せられ、商品開発や経営に活かしていることは有名です。日本では、京セラ創業者の稲盛和夫氏が、得度してマスコミで話題になりました。

また、トヨタ自動車やパナソニックの経営にも、禅的な考え方が取り入れられております。禅は、経営やビジネスの本質と一致することは明らかになっています。

私自身、経営コンサルタントとして、禅の考え方を元に、社長塾や経営塾、坐禅会などを開催しております。おかげさまで、多くの成果を生み出してきました。

はじめに

今回、より多くの方、とくにビジネスパーソンに、禅的思考や坐禅に親しんでいただくために新たな本を発刊することにいたしました。仕事の悩みやストレスを解消し、仕事や人生をバージョンアップしていただきたいと思います。

本書は、禅の言葉を厳選し、その言葉の意味するものを解説しています。さらに、どのようにビジネスに適用・応用できるかを、わかりやすく説き明かしています。坐禅の仕方はもちろん、より禅の真髄に触れていただきたく、道元禅のエッセンスたる「現成公案」の対訳も掲載した本となっています。

本書を何度も読み、バイブルとして、あなたの仕事と人生に、禅的思考を取り入れていただければ、筆者として幸いこれに過ぎたるはありません。

飯塚　保人

第Ⅱ部

第Ⅴ部　坐禅の仕方

第I部

第1講　只管打坐

第2講　身心脱落

第3講　一体一如

第4講　全機現

第1講

ただひたすら夢中になる只管打坐（しかん・たざ）

禅宗には、大きく分けて、栄西に代表される臨済宗と、道元に代表される曹洞宗とがあります。臨済宗の禅は、「看話禅」や「公案禅」とも言われ、師から示された公案（課題）を解いて悟りに至ることを重視します。公案の解答を探求しつつ坐禅をします。

これに対し、曹洞宗の禅は、坐禅そのものが目的です。坐ること自体に集中し「黙照禅」とも言います。一切の思慮分別を断ち切り、ただひたすら黙々と坐ります。そこに人が持つ本来の姿があらわれます。つまり、悟りが得られるとしています。

只管打坐とは、まさに、そのことを象徴する言葉です。「只管」とは「ただ、ひたすら」という意味です。「打坐」は「たざ」と読みます。打は、強調、坐は、「すわる、坐禅をする」という意味です。つまり、「ただひたすら坐禅をしなさい」と説いています。本書では、主に道元による禅の思想に基づいて、仕事や人生に役立つ考え方を伝えています。

まずは1回5分の坐禅をしてみましょう。坐禅に勝るものはありません。ゆっくり空気を吸い、息とともに余分なものを吐き出せば、自分がからっぽになります。自分がからっぽになると、頭を使わなくなります。執着せず、こだわらない体質になります。そうすると、そこに新しいものや新しい価値が自然と流れ込み、創造性が生まれます。

同様に、何事にも「ただ、ひたすら」夢中になることです。我を忘れて打ち込むことです。「無我夢中」は、まさにそのことを表します。我を忘れるということは、自分がからっぽになるということです。頭がからっぽになれば、何かに執着することもなくなります。

❖好きこそものの上手なれ

「ただ、ひたすら」夢中になり、我を忘れて打ち込めるのは、自分が大好きなことです。心底好きなことなら、寝食を忘れます。時間が経つのを忘れます。そして自分も忘れます。いつまでも飽きずに続けられます。その意味では、好きなことに勝る強みはありません。「好きこそものの上手なれ」とは、よく言ったものです。

好きなことなら、「ただ、ひたすら」夢中になり、積極的に勉強もします。工夫もするようになるので、技術的にも上達が早くなります。その道で成功できる可能性は高まります。独立や起業を考えている人は、まずは自分が一番好きなことでビジネスができないか検討することが肝要です。

❖好きでないことでも好きになる

好きなことを仕事にできればベストですが、寝食を忘れて打ち込めるほど好きなことがない人も多くいます。そのため、近年は、自分に合った仕事、好きになれる仕事を求めて「自分探し」をする風潮も強くなっています。

しかし、童話『青い鳥』でも描かれているように、幸せの青い鳥は、意外にも自分の身近にいるものです。仕事でも、まさに自分がしている仕事のなかにあるのです。どんな仕事でも、「ただ、ひたすら」打ち込むと、おもしろさに気づきます。改善方法が見つかります。その姿勢を上司やお客様が認めてくれます。必ずいい方向に向かっていくのです。

よく「天職を見つける」と言います。「ただ、ひたすら」無我夢中になって打ち込むと、その仕事は、そのうちあなたの「天職になる」「天職だと気づく」のです。

❖「いま・ここに」集中する

とにかく目の前の仕事に「ただ、ひたすら」打ち込みます。ここで大切なのは、「いま・ここ」にあることに「ただ、ひたすら」集中し打ち込むことです。そして、いつでも「いま・ここ」に集中するクセ・体質を身につけることです。習慣は第二の天性です。

人は、往々にして選り好みをしがちです。しかし、「いま・ここ」は「いま・ここ」にしかないのです。「いま・ここ」は二度と訪れません。我々が生きているのは、時間と空間の交点である「いま・ここ」です。

また、人は、過去の失敗を反省したり、未来のリスクを不安に思ったりしがちです。過去は終わった、未来は幻です。まずは、「いま・ここ」に集中しましょう。

❖行動するのかしないのか

世の中には2つの人種がいます。「行動する人」と「行動しない人」です。まずは、「ただ、ひたすら」「いま・ここ」にあることに集中することです。しっかりできていますか。行動・実践していますか。

実際に行動していない人は、わかっていない人です。私は、知っていますではなく、やっていますを重視します。やっていないことは、知らないことと謙虚に受け止めて、本日開店の気持ちで学ぶことです。知っていますをやめて、やっていますと言えるようにすることです。わかるためには行動するしかありません。行動・実践していきましょう。

大切なのは、行動すること、実践することです。思い悩むより先に、「ただ、ひたすら」、「いま・ここ」にあることに打ち込み実践するのです。おのずと道は開けてきます。必ず、いい結果をもたらします。いまは変化の激しい時代です。行動しながら考えるようにしましょう。

第2講

我やこだわりを脱落する
身心脱落（しんじん・だつらく）

身心脱落とは、身も心も、すべて脱落させること・無にすることです。我（が）やこだわりなど、余分なものを一切脱落することを意味します。

大切なのは、心ではなく身が先ということです。身が心を動かします。まずは、只管打坐です。坐禅することで身心脱落します。こだわらない体質になります。体をまっすぐに伸ばして、息を吐いていくと、心が調います。体は心のキーボードです。

道元の著書『正法眼蔵』の『現成公案』の巻には、次のように書かれています。

仏道をならふといふは、自己をならふなり
自己をならふといふは、自己をわするるなり
自己をわするるといふは、万法に証せらるるなり
万法に証せらるるといふは、
自己の身心および他己の身心をして脱落せしむるなり

自己を忘れる「忘我」について説いています。そのことが、「万法に証せらるるなり」です。「森羅万象すべてのものが私に悟らせてくれる、私をバックアップしてくれる」としています。悟りが得られるということは、自分の身も心も、他人の身も心も、そっくりすべて無になることなのです。身心脱落して、一体一如になることが悟りの境地です。

すでに天職について触れました。「ただ、ひたすら」無我夢中に打ち込むと、身心脱落します。一所懸命やると「ああ、これが天から与えられた仕事だ」と気づくのです。身心脱落すれば、天が教えてくれるのです。天職になるのです。

❖「こだわり」の味

近年「こだわりの逸品」とか「こだわりの味」とか言われます。こだわりという言葉は、いい意味で使われることが多くなってきました。もちろん、妥協なく一筋に努力すること自体、いい結果を生むことはあると思います。

しかし、禅の考え方では、こだわりは執着です。すべてを脱落させ無になることの妨げになるからです。いくらいいものであろうとも、「こだわり抜く」のではなく「こだわりを抜く」ことが大切です。こだわりを抜くことによって、視野が広くなります。すべてのものが、あるがままに見えてくるようになります。

既成の価値観から脱却し、新しいものを生み出すためには、従来のやり方・こだわりを排す必要があります。こだわりを捨てて、最後に残るものがあります。それが味です。こだわって、こだわらないことです。いつも本日開店の気持ちでやりましょう。

❖素直さ・明るさ・行動力

「こだわり」をなくすのは難しいことです。「こだわり」をなくす近道は、まず「素直になる」ことです。素直になることは無につながります。素直になれば、乾いたスポンジが水を吸収するように、人の意見やアドバイスをどんどん受け入れられます。

また、明るい人は好まれます。明るければ、誰もが気持ちよく接することができます。付き合う人の数だけでなく、入ってくる情報やアドバイスの量も増えます。

さらに必要なのが行動力です。いくら知識や情報が増えても、行動しなければ意味がありません。行動することで、初めてわかってくる、気づくことがあるのです。私はこの「素直さ・明るさ・行動力」を、伸びる人の三要素と言っています。

❖矢印を自分に向ける

今世紀に入ってから、格差の進展とともに、自己責任論という言葉がよく使われます。貧しい家庭に生まれたり、事故や病気に見舞われたり、自己責任ではないと思うような問題もたくさんあります。しかし、イキイキと生きるための姿勢としては、すべては自分のせいと考えることが大切です。これは素直さにもつながります。素直でない人は、自分の非をなかなか認められないからです。

うまくいかない原因を、他人や環境のせいにすると、人間は成長できません。たとえ原因が自分以外にあったとしても、むしろ自分が改善できる点はなかったのか考える習慣を身につけましょう。そうすれば、問題を解決に導き、深い学びが得られ、大きな成長につながります。ビジネスにおいて、終身雇用の時代は終わりました。これからは、結果に応じて年俸が決まります。

❖余分なものを全部脱落する

スポイトは、インクがいっぱい入っていたら、それ以上は吸い上げられません。何も入っていない真空だからインクを吸い上げられます。

自分の心も同じです。こだわり・執着・我欲・邪念など、余分なものをすべて吐き出します。からっぽ、すなわち無にします。無にすることが、既成の価値観を廃し、新しい価値観や視野を手に入れることにつながります。いままでのトレンドで考えないことです。昨日の続きをやらないことです。本日開店です。禅は非連続の連続です。

自分を無にすることの早道は坐禅です。ただひたすら坐禅をすることで、余分なものがすべて削ぎ落とされます。身心脱落します。

❖ＡＣ（オールクリア）ボタンを押す

「断捨離」という言葉は、２０１０年に流行語大賞にもノミネートされ、いまやすっかりポピュラーになりました。もともとはヨガの行法である「断行・捨行・離行」に対応しています。入ってくる物を断ち、いらない物を捨て、物への執着から離れ、「もったいない」という「こだわり」から心を解放する方法です。

あらゆる執着を断ち切る禅の考え方と共通しています。しかし、断つのは、物に限りません。こだわり・執着・我欲・邪念などはもちろん、自分の考え・習慣癖なども断ちます。禅の言葉で「放下《ほうげ》」といいます。毎日オールクリアして、見直すことが大切です。人は、習慣にとらわれ、同じことをくりかえす方が楽なので、マンネリに陥りがちです。毎日ＡＣボタンを押してオールクリアしましょう。

身心脱落

第3講

対象とひとつになる 一体一如（いったい・いちにょ）

「一体」とは、対象（ヒト・モノ・コト）＝万法とひとつになること、「一如」とは、一体になって万法と行動することです。「一体一如」で、「万法とひとつになって行動する」ことを意味します。

一体一如は、禅で一番大切なことです。すでに、只管打坐と身心脱落を説明しました。ただひたすら、いまここにあることに集中し、我やこだわりをなくします。自ずと対象とひとつになり、一体一如になります。

よく役者が「役になりきる」という言い方をします。まさに、役者が役とひととつになった状態です。これは、役者に限りません。名人や優れた人は、誰もが一体一如の世界に生きています。乗馬は人馬一体、経営者は社員と一緒に働く、画家は絵とひとつ、カメラマンは被写体とひとつ、書家は言葉とひとつ、小説家は物語とひとつ、陶芸家は作品とひとつ、一体一如になり切ることです。

ヨットで世界一周を成し遂げた堀江謙一さんは、航海の時、「マストがきしめば心が痛い」と言ったそうです。まさに、ヨットと自分が一体一如になっていたことを示しています。

これは、実は名人でなくても、我々凡人の世界でも言えることです。体調が悪かったり、人間関係に悩んでいたり、仕事がうまくいかなかったりすると、道ばたに咲いている花を「きれいだな」となかなか感じられません。自分の心がからっぽだから、しみじみと花の美しさを感じられます。花と一体になれるのです。

また、大切なのは「一如」、すなわち「唯一のあるがままの真の姿になる」ということです。「魚行いて魚に似たり、鳥飛んで鳥の如し」という道元の言葉があります。「魚は水の中を泳いでこそ魚、鳥は飛んでこそ鳥」、つまり、それが魚や鳥のあるがままの真の姿です。

では、人はどうすれば人間らしいのでしょうか。人間社会は複雑です。魚や鳥のようになかなか単純にはいきません。その意味では「人は悩むから人」かもしれません。道元も「人は仏なのになぜ修行しないといけないのか」という疑問を持ち続けました。

その答えが「只管打坐」です。やはり、何かに夢中になり、我やこだわりを脱落し、無心になる。その状態が一番人間らしいということではないでしょうか。

❖まずは真似る

「真似る」という言葉には、「物真似」など、マイナスのイメージがあります。しかし、「学ぶ」という言葉の語源は「真似ぶ（まねぶ）」にあったことはご存じでしょうか。

日本では、職人に弟子入りすると、なかなか教えてもらえず「技を盗め」と言われます。これは師の技を「真似る」ことで学べということです。また、芸事や武道なども、師匠や先生から「型」だけ教えてもらい、それを「真似る」ことから学び始めます。

まずは真似ることが学びの第一歩です。禅の世界では、修行（行動・実践）と修学（学問・研究）は一体です。つまり「行学一如」が求められます。「行学一如」を建学の精神としている大学もあります。単に学ぶだけでなく、行動・実践が伴って一体となってこそ、あるべき真の姿なのです。

❖師を見つけ真似る

真似るためには、真似る対象となる師を見つけなければなりません。良い師を見つけることは容易ではありません。「この人だ」と思える人に出会ったら、話し方、歩き方、食事の仕方など、その人のすることをすべて真似てみましょう。そうすることで、次第に師の考え方までわかってきます。

一年では無理かもしれません。しかし、2年3年と真似続けることで、わかってくることがあります。そして、師の水準にまで、だんだんと近づくことができるのです。

身近に師と思える人が見つからない場合は、会ったことのない人でも構いません。歴史上の人物であってもいいです。私は勝海舟の本を読んで、生き方、禅の考え方を学びました。「私淑」という言葉があります。これは孟子の言葉です。「子は、私（ひそ）かにこれを人よりうけて、淑（よし）とするなり」から来ています。

尊敬する人から直接に教えは受けなくても、相手に知られずにひそかに一方的にその人を師として考え、模範として学ぶことです。いまやネットで、さまざまな人のことがわかる時代です。会えなくても、文章・写真・動画など、その人となりに関する情報に多く接することができます。

「この人なら」と思える人を見つけましょう。その人をよく知り真似することを続けます。実際に会って教えを請う日まで、私淑を続けることも「あり」です。

一体一如

❖お客様本位はお客様と一体

よく「お客様本位」と言います。しかし、本当に「お客様本位」で行われているビジネスやサービスは、どれほどあるでしょうか。「お客様の声を取り入れて」とか「お客様の立場に立って」と言いますが、言葉だけ先行して、意外にできていないものです。

しかし、真のお客様本位は、さらに一歩進んで、お客様と一体になることです。一体とは愛です。単に「お客様の立場に立つ」だけでは一時的で不十分です。絶えず、お客様になりきって、お客様の身になって対応します。そこに感動のサービスが生まれます。

リッツ・カールトンホテルでは、従業員に20万円までの決裁権があります。お客様の忘れた眼鏡を、ただちに新幹線で届けたという有名なエピソードがあります。まさにお客様と一体となったお客様本位の事例です。

❖あらゆるパートナーと真に協力する

一体となる相手は、師やお客様ばかりではありません。ビジネスなら、あらゆる取り引き先のパートナーと一体となり、真に協力できる体制を整えることが大切です。これからの組織は、垂直関係ではなく、水平関係になります。いかに他社とチームになって、仕事を進めていくかです。

取引先とは、通常は「発注者・受注者」の上下関係が存在します。力関係としては、発注者の方が強くなります。往々にして発注者の意見・意向を、受注者に一方的に押しつけることがありがちです。

しかし、パートナーの協力なしには、ビジネスは成立しません。お客様の場合と同様、どれだけ絶えずパートナーの立場になりきり一体となれるかです。真のＷｉｎ―Ｗｉｎの関係を築きながら進められるかが、ビジネスの成功のカギを握っています。発注者と受注者の目的は同じです。目的とひとつになることです。

❖優位特性＝強いものを強くする

子どもの頃、苦手科目を克服するのに苦労した人、そして結局克服できなかった人は、意外に多いのではないでしょうか。それもそのはずです。苦手だから、なかなかうまくならないのです。同じ時間をかけるなら、得意なことに力を注ぎ、トータルで苦手のマイナスをカバーした方が効果が出やすくなります。

ビジネスならなおさらです。学校の勉強の場合、どの教科もある程度できることが求められがちです。しかし、ビジネスは得意分野に特化することが成功の鍵です。コアコンピタンス（企業の中核となる強み）の強化、そして、必要に応じて「選択と集中」を検討することです。業績が不振な分野は撤退も「あり」です。

いまここにある優位特性をさらに強化するのです。得意なことなら、ただひたすら夢中・無心になれます。余分なことは全部やめて、坐禅することで競争力も短期間で強化できるのです。

❖未来と一体となる

一体となる相手は、師やお客様やパートナーなど、人ばかりではありません。未来とも一体になる必要があります。しかし、未来と一体になるには、明るく輝く未来を具体的にイメージする必要があります。

未来はすべて仮設です。あるべき姿の仮設を立てることです。未来のあるべき姿が描けなければ、未来と一体になりようがありません。自分にとって、未来はどうありたいのか、理想や目的を明確にすることが求められます。

あるべき姿をイメージすることです。あるべき姿を明確に描いてこそ、進むべき方向性、そして行動にも意思や自信が生まれます。

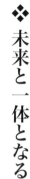

第4講

人生を全面開花させる全機現（ぜんきげん）

全機現とは、「全ての機能を現《あら》しめる」ことです。つまり、人間が本来持っているすべての機能・能力を現す・発揮することです。自分の能力だけでなく、万物や宇宙のエネルギーも含めたすべてを生かし発揮することです。

全機現するためには、まずは只管打坐です。ひたすら坐り、息を吐き、自分をからっぽにします。そして、身心脱落します。身心脱落すれば、自分が万物と一体となり、一体一如の境地になります。その先に現れるのが全機現の世界です。

禅の極意は、シンプルです。全身全霊をもってイキイキと生きることです。それが全機現です。自分と自分を取り巻く万物・宇宙をすべて、自分を通して発揮・開花させることです。私たちは、持てる能力の15％くらいしか使っていないと思います。つまり、１００％の力を発揮すれば、いまより6～7倍の効果・成果が出せるということなのです。

よく「やらないで後悔するより、やって後悔した方がいい」と言います。持てる能力を生かさなければ、もったいないです。単にやるだけでなく、完全燃焼してやり切ることが大切です。記録や勝負にこだわるスポーツ選手でも、全力投球し、悔いなく本当にやり切った人は、負けても清々しいです。これも全機現の境地と言えます。

全機現のポイントは、「いま・ここ」に全力投球するということです。試験や大会など、本番で全機現するためには、日常の勉強やトレーニング中、すなわち「いま・ここ」でも、絶えず本気で取り組み、全力投球することです。そうしてこそ、初めて本番でも全機現できるものなのです。

❖人事を尽くして天命を待つ

誰もが知っている有名な故事で、「自分のできることを全力でやり尽くしたら、後は天の運に任せなさい」といった意味です。ここには、できることをやり尽くしたら、どんな結果になろうとも悔いは残らない、という意味合いも含まれています。

また、「天命」には、天から与えられた運命のほかに、天から与えられた使命という意味もあります。これは、天から自分に与えられた役割であり、与えられた才能・個性を生かすことです。そう考えると、天職を得たり、天職を生かしたりするためにも、できることを全力でやることが不可欠とわかります。

「運を天にまかせる」という言い方もあります。「人事を尽くす」かどうかを問わないわけですから、「なるようにしかならない」という意味で、似て非なる言葉です。

❖目標を高く持つ

できることを全力でやるにしても、ただ、がむしゃらに頑張っても無駄が多く成功は望めません。目指すべき方向性を決めます。目標を持つことです。それも高い目標を持つことが大切です。

長く継続的に努力していくためには目標は高い方がいいのです。もちろん、高すぎる目標は、達成感が得にくいデメリットがあります。その弊害を避けるには、ステップを踏みやすいように、目標を段階的に細分化することが有効です。最終ゴールは志のある高い目標を設定しましょう。

目標を持てば、モチベーションがあがります。ハングリー精神が生まれます。より上のレベルを求める強い気持を持てば、やるしかないと腹が決まります。ポイントは情熱と覚悟です。

❖タイム・マネジメント

現代は変化の激しい時代です。とくにビジネスでは、早い決断と速い行動が求められます。時間をかけてベストの出来を生み出すこともときには必要ですが、基本的には、ベター（合格点のレベル）なものをスピーディーにやることが求められています。拙速を旨とすべきなのです。お客様の満足度も、その方がアップします。

スピードの差は、やる気の差です。だらだらやると、どうしても気持ちもだらけます。スピーディーにやると、気持ちも引き締まり、集中力が高まるメリットがあります。今はリモートワークの時代です。会社に出社して定時に帰る時代ではありません。家で仕事ができるようになりました。短い時間で結果を出していかなければなりません。

仕事には納期があります。そのため、時間との戦いです。そこで必要となるのがタイム・マネジメントです。ビジネスで成功している人は、仕事のスピードが速いだけでなく、みんなタイム・マネジメントの達人なのです。時間＝命です。

❖プロセス＝結果

ビジネスでは結果を出すことが重要です。全機現とは、まさに「結果」にほかなりません。そのためには、目標を高く持ち、スピーディーに全力投球することが必要です。さらに加えれば「見える化」をすることです。

仕事の進展がいまどうなっているのか、そのプロセスがわからないと、どう改善していいか判断がつきません。「見える化」することで、自分の今いるところが明らかになり、進むべき方向もより明確になります。

誰にでもわかるように「見える化」することです。仕事に緊張感が生まれ、モチベーションもあがります。さらに「見える化」は、プロセス管理を徹底することにつながります。結果とは、ひとつひとつの積み重ねです。全力投球した成果が、結果として現れるものです。「プロセス＝結果」なのです。

第II部

第5講　照顧脚下

第6講　両忘

第7講　前後際断

第8講　眼横鼻直

第9講　夏炉冬扇

第5講

足元をよく見る
照顧脚下（しょうこ・きゃっか）

寺院の玄関に、「照顧脚下」と書かれた木札を見たことがあると思います。「足元に注意せよ＝足元の靴をそろえましょう」という意味合いもあります。照顧とは「用心する・注意する・反省する」、脚下とは「足元」の意味です。本来は「自分の足元に注意を向け、見つめ直せ」という教えです。

南北朝時代の禅僧である孤峰覚明（こほうかくみょう）の言葉です。覚明が元（中国）に渡ったとき、「如何なるか是れ祖師西来意」（達磨大師がインドから中国へと来られた真意は何なのでしょうか）と聞かれ、答えた言葉が「照顧脚下」でした。

必要なものは、いつも私たち自身の足元にあります。他人など自分の外に言い訳や原因を求めても何もなりません。自分の足元にあることをしっかりとやり、自分を生かし切れば迷うこともありません。足元をおろそかにするから、問題が起こったり、会社が赤字になったりするのです。

災害やコロナ禍で、原料や材料が入らないなら、今あるものやできることでお客様にサービスします。お客様が来たときのために、十分お店の掃除をします。借入金の返済ができないなら、銀行に行って返済を待って欲しいと言うのです。すべて、今できることです。

余分なことを考えないで、シンプルに足元のできることをやればいいのです。無理に新規のお客様を得ようとせず、今いるお客様を大切にすることです。なぜ、人は足元を忘れてしまうのでしょうか。それは欲があるからです。我やこだわりと一緒です。余分で無駄なものは、すべて忘れることが肝要です。

いま・自分の足元にある宝に気づくことです。そして、無心になり、ひたすら全力投球すれば、自ずと道は開けてくるものなのです。

❖自分の足元は、まず健康管理

「健全な精神は健全な肉体に宿る」と言います。自分の身体は、「照顧脚下」でいうまさに足元です。イキイキと生きるために健康は大前提です。身心一如です。身と心はひとつです。体調が優れなければ、パワーが出ないばかりか、精神的にも不安定になります。ビジネスで一番大切なことは健康管理です。

健康には定義があります。「病気でないとか、弱っていないということではなく、肉体的にも精神的にも、そして社会的にもすべてが満たされた状態にあること」（WHOによる定義）です。つまり、イキイキと生きていないと健康とは言えないのです。

健康のためにも、坐禅をお勧めします。坐禅で、身を調え、息を調え、心を調えます。坐禅をすることで、余分なものが取り除かれ身心ともにすっきりします。坐禅をすることで、真に照顧脚下に気づくことができるのです。昔から禅僧は長生きです。人生50年時代においても80歳まで生きています。ここからも禅の効用が分かります。

❖何事にも感謝する

自分の足元には、たくさんの宝があります。できること・やれることがたくさんあります。健康があり、家族があり、仕事があります。与えていただいたものに感謝することを、決して忘れてはなりません。感謝の反対は「当たり前」です。震災・疫病が起こると「当たり前」でないことに気がつきます。

朝起きたら、まず感謝することから始めましょう。現代の日本は恵まれています。恵まれているから、感謝を忘れています。過去と現在の多くの人に支えられて、恵まれた環境があります。そのことを忘れている人のいかに多いことでしょうか。

私たちは、家族・友人・知人はもちろん、先祖や会ったこともない人、そして豊な自然、さらに宇宙によって生かされています。あらゆる万物のつながりに感謝し、「ありがとう」の心と言葉を忘れずに、日々生活していきたいものです。私のコンサルティングは、最初に感謝の瞑想をします。「〇〇さん感謝します」と心の中で唱えます。皆さんも会議などの初めに「感謝の瞑想」をお勧めします。

❖「いま・ここ」にチャンスあり

「ピンチはチャンス」と言います。しかし、そうは言ってもピンチになると、どうしていいかわからなくなります。前向きにチャンスと捉えられる人は、意外に少ないのではないでしょうか。ピンチの時に変わるからチャンスになります。

チャンスは、誰にでも訪れます。しかし、日頃から準備や努力をして、備えていないと気づきません。チャンスは、いつでも「いま・ここ」にあるということを強調しておきたいと思います。変化することでチャンスが生まれます。

「照顧脚下」、できること・やれること・大切なことは、「いま・ここ」です。足元にあるのです。待っていると訪れるチャンスもありますが、待たなくても、いつでも挑戦できるチャンスがあるのです。私の歌のタイトルのように、チャンスを生かすのは「今だろ、此処だろう」なのです。

❖愚直に・地道に・徹底的に

この言葉は、トヨタ自動車の元社長・渡辺捷昭氏が、2005年の就任時に、インタビューで経営の抱負を聞かれて答えた言葉です。「各現場が当たり前のことを当たり前にやるようにしたい」と語りました。まさに、これが禅的経営です。トヨタ自動車の成功の秘訣には、禅的経営があることは間違いありません。

「ユニクロ」の社長・柳井正氏も、「あたり前のことを徹底して積み重ねることが重要です。本当の儲ける力とは、地道なことが徹底してできるところにあるのです」と書いています。優れた経営者は、同じことを言っています。

私たちは、賢く立ち回ろうとしがちです。大切なのは、愚かでも真っ直ぐなことです。愚直に10年やればものになります。派手にやる必要はありません。地道でいいのです。ただ、徹底的にやる必要があります。足元にあることを大切に「愚直に・地道に・徹底的に」を心がけましょう。未来は行動の先にあります。

第6講

なにごとも比較しない
両忘（りょうぼう）

両忘とは、2つのことを忘れることです。生と死・苦と楽・善と悪など二元的な考え方から脱します。言い換えれば、なにごとも比較しないという教えです。「内外両忘」「善悪両忘」という言い方もあり、同じことを意味しています。

人は、比べるから悩みが生まれます。産まれたときは比べないのに、成長するにつれて比べるようになってしまいます。両親・兄弟・友達と、身近なところから比べてしまうのです。比べることが苦しみの根源です。

私たちは、比べることが当たり前の世界に生きています。比べていないつもりでも、無意識のうちにも比較していることがよくあります。コロナ禍が広まり、感染者数の増減を見て一喜一憂している人も多くいます。比較しているから一喜一憂してしまうのです。

アフターコロナという言葉も出てきました。いつになったら前の生活に戻れるのかと、悩み苦しんでいる人も少なくありません。しかし、ビフォーコロナとアフターコロナと比べるから、さらに悩みが大きくなってしまうのです。

なにごとも比べないことです。「いま・ここ」にあることに集中します。毎日毎日が真剣勝負の生活をしていくことです。そうすれば、比べる必要は自ずとなくなり、比べなくなっていきます。

あれかこれか、どちらがいいのかの比較や価値判断は、不要なこだわりに過ぎません。足元にあることに全力投球して、身心脱落します。こだわりから解き放たれると、気持ちは楽になり心にもゆとりが生まれます。厳しい競争社会だからこそ、そして競争社会で真に生き残るためにも、なにごとも比較しない「両忘」の教えを心に刻んでいただきたいと思います。

❖大にあらず 小にあらず 自にあらず 他にあらず

「私たちの道や世は、大きなものでもなく、小さなものでもなく、自分のものでもなく、他人のものでもない。あるがままにあるもの」を意味する言葉です。「あるがまま」は、なにごとも、そのまま・ありのままに受け入れ、「比べない」ことがポイントです。

私たちは、それぞれ一人ひとりが、世界で一人しかいないかけがいのない存在です。年齢・経験・学歴などは関係ありません。いま、ここの自分自身をどれだけ生かして、輝かせることができるかにかかっています。

偉い人というのは、一所懸命に生きているから偉いのであって、学歴や肩書や年収は関係ありません。学歴や肩書などで見てしまうのは比較しているからです。相対の世界です。禅の世界は絶対の世界です。ビジネスでも周りと比較せず、これと決めた絶対の世界を構築していくことが大切です。

❖仕事に大きいも小さいもない

私たちは、仕事でも大きい小さいと比較しがちです。しかし、仕事に大きいも小さいもありません。何百億円のプロジェクトも、数万円のプロジェクトも関係ありません。お客様のために、どれだけ自分の持てる力を存分に発揮し、やり抜くかがすべてです。

職業に貴賤はないというのも同じことです。以前ＮＨＫのテレビ番組『プロフェッショナル』で、羽田空港のトイレをピカピカにする清掃員の女性を取り上げていました。番組タイトルは「心を込めて、あたりまえの日常を」でした。まさに禅の世界です。

また、細やかな運転技術と驚きの接客と心遣いで評判になっている箱根のバス運転手を取り上げていました。「あたり前の生活を支えていくことに誇りを持っています」という彼の言葉は、先の女性と共通するものがあります。

❖情けは人のためならず

よく意味を取り違えられることわざに「情けは人のためならず」があります。「情けは人のためにならないから、かけない方がいい」という意味ではありません。「情けは人のためではなく自分のためなり」です。つまり「情けをかけると廻りめぐって自分に返ってくる」という意味です。

多くのものを受け取りたければ、先に多くのものを与えることです。大切なのは「まずはギブありき」です。「ギブ&テイク」と言いますが、これでは、ギブとテイクが同時のニュアンスがあります。テイクを期待して、ギブをするようでは気持ちが伝わりません。見返りを期待しない「ギブ&ギブ」がベストです。

自分の欲を忘れて相手に与えてこそ誠意が伝わります。相手が生きることで、自分も、自ずから生かされるものなのです。

両忘

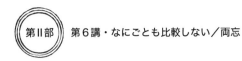

第7講

今を全力で生きる
前後際断（ぜんご・さいだん）

前後際断とは、「前（過去）と後（未来）の際を切り離し、今を生きよ」という教えです。道元は、「薪（たきぎ）は燃えて灰となるが、灰が薪にはならない。しかし、薪は前、灰は後と考えるべきではない。それぞれ存在としては独立し、そのなかに過去も未来も含まれている。薪と灰はひとつながりで前後があるように思えても、実はそれらは絶ち切られている」と説きました。その後、沢庵禅師も、前後際断を、「前の心を捨てず、また今の心を後へ引くことが悪い。前と今との間を切って捨て、心を止めない教えである」と説いています。

夏目漱石は、「倫敦消息」の中で「前後を切断せよ、みだりに過去に執着するなかれ、いたずらに将来に望を属するなかれ、満身の力をこめて現在に働け」と書いています。また、松下幸之助は、「どんなに悔いても過去は変わらない。どれほど心配したところで、未来もどうなるものでもない。いま、現在に最善を尽くすことである」と書いています。過去と他人は変えられない、変えられるのは今と自分です。

多くの人は、過去の積み重ねが現在であり、現在の帰結が未来であると、ひとつながりで考えます。そのため、今の自分を過去のせいにして悔やんだり、まだ来ない未来に対して不安を抱いて嘆いたりします。ビジネスにしても、時代に乗り遅れるなとトレンドばかりを気にしすぎます。

しかし、過去も未来も現在の中に含まれています。現在から切り離して、過去や未来を考えるべきではないのです。昨日のことをくよくよ考え、明日のことをいたずらに心配するからパワーが出ないのです。何よりも、今ここにあること、今できることに集中すべきなのです。

心を過去や未来に置かないことです。過去や未来にとらわれないことです。毎日が「本日開店」の気持ちで臨みましょう。足元にあることに目を向け、全力投球で取り組みましょう。今日一日が、きっとイキイキと輝いてくるはずです。

❖しきたりや前例にとらわれない

私たちは、日常生活でもビジネスでも、しきたりや慣例・前例にとらわれがちです。それは長い間、受け継がれてきた生活やビジネス上の知恵です。失敗せずうまく物事を進めるうえで、とても便利です。

しかし、それは過去に現在がとらわれていることを意味します。昔そうだったからといって、今がそうとは限りません。色眼鏡で見てレッテルを貼っているだけかもしれません。思い込み、固定観念に過ぎないかもしれません。

いまここにある事実・現実を正しく見るために必要なことは、前後際断です。過去の失敗や成功にはとらわれないことです。未来の目標は必要ですが、明日のことをあれこれ心配しないことです。人は暇だと余計なことを考えがちです。だから、「Ｈｅｒｅ＆Ｎｏｗ」に持てる時間、持てる力をすべて注ぎ込むことで前後際断ができます。いい結果が生まれるのです。

❖変わらないために変わる

先祖代々に渡り、伝統的に事業を行っている小売店や企業を老舗（しにせ）と言います。日本は世界一の老舗大国です。古い企業ベスト5はすべて日本にあります。世界にある創業200年以上の企業の65％は、日本の企業なのです。

日本人の勤勉性も老舗が多い理由のひとつに考えられますが、伝統を守り続けてきただけで、老舗は何代にも渡って永続できたわけではありません。『暖簾に磨きをかける』という言い方があるように、ブランドや商品がより良いものになるように、絶えざる改良・改善・改革を続けてきたのです。

戦争や災害など、危機的な状況でも企業として変わらず存続するために、変えるべきことは大きく変えるチャレンジもしてきました。ただ伝統にこだわるのではなく前後際断して、それまでの過去を断ち切り、今できることに全力を注ぎ込んできたからこそ、老舗としての今があるのです。

❖すぐ役立つものは、すぐ役立たなくなる

「いま便利、将来不便」という言葉があります。現代は、便利なもの、役立つものが重宝されます。特に今すぐ必要とされると、今すぐ役立つことが求められます。それに対応できることは大切ですが、注意しないと易きに流れます。能力も技術も十分に身につかなくなるリスクがあります。

道を選ぶときも、やさしい道を選ぶとそのツケは後になって現れます。今は良くても、将来は大変で不便なことになりかねません。人間は楽をすると、もっと楽をしたがります。怠けると、もっと怠けたくなるものです。

時代の変化が激しいだけに、すぐ役立つものはすぐ役立たなくなります。道を選ぶときも、やさしい道を選べば後で大変になります。得の道ではなく、損の道を選択することです。あえて困難な道を選び、全力投球するように心がけましょう。

❖緊急な仕事と重要な仕事

私たちは、緊急な仕事があれば、それを優先してしまいがちです。お客様から直接頼まれればなおさらです。もちろん、納期は絶対守らなくてはなりません。しかし、緊急の仕事がいつも重要な仕事とは限りません。「ヤボ用」ではありませんが、緊急の仕事は重要ではないこともよくあります。

急ぎの仕事ばかり優先していると「仕事をしている感」はありますが、重要な仕事はおろそかになります。長い目でみると、結果として大事なことを先延ばししていることになります。問題がどんどん山積し、悪化していきます。

そこで求められるのは、何が重要な仕事なのかを絶えず意識して、少しでも前倒しで進めることです。「緊急で重要な仕事」が最優先なのは自明です。「緊急だが重要でない仕事」よりも「緊急ではないが重要な仕事」を優先する勇気を持ちましょう。仕事は追われるものではなく、追うものです。人材育成は「緊急ではないが重要な仕事」です。企業格差は人材格差です。

第8講

当たり前のことを実践する
眼横鼻直（がんのう・びちょく）

道元は、24歳のとき中国へ修行のために留学し、28歳で帰国しました。帰国後の第一声は「空手還郷（くうしゅげんきょう）」「眼横鼻直」というものでした。これは「経典や仏像など持ち帰らず、手ぶらで日本に帰ってきました。わかったことは、眼は横に鼻は縦についていることです」という意味です。

「眼は横に鼻は縦についている」のは当たり前のことです。その当たり前のことをあるがままに受け入れ、当たり前に行うことの大切さを説いているのです。仏教や禅というと、私たちは特別なものとしてとらえがちです。自分の足元をしっかりと見定め、当たり前の日常生活を精一杯真剣に生きることこそ、禅が指し示している道なのです。

とんちで知られる一休さん（室町時代の禅僧）に「七曲がりの松」というエピソードがあります。あるとき、一本の曲がりくねった松の鉢植に「この松がまっすぐに見えた人には褒美をあげます」と書いた札をつけて家の前に置きました。いつの間にか、鉢植の前に人垣ができます。誰もが曲った松がまっすぐに見えないか、あれこれ思案します。しかし、誰一人として松の木をまっすぐに見ることはできませんでした。

その後、一人の旅人が通りかかります。その鉢植を見て「この松は本当によく曲りくねっている」とさらりと一言。それを聞いた一休さんは、家から飛び出てきて、その旅人に褒美をあげたといわれています。この話は出典が不明で、状況説明もいろいろとあります。正しく答えた旅人は蓮如だったという説もあります。

いずれにせよ、みんな褒美に目がくらみ、無理に松の木をまっすぐに見ようとしていました。旅人だけは、松の木をあるがままに曲がっていると「まっすぐに見た」わけです。まるで日本版「裸の王様」みたいな話です。事実を先入観なく、あるがままに見ることの難しさを示しています。

❖生木に花咲くに驚け

江戸時代の医者・哲学者の三浦梅園が、「枯れ木に花咲くに驚くより生木に花咲くに驚け」と言っています。私たちは、普通は枯れた木に花が咲いていたら驚きます。しかし、本当に驚くべきことは、生きた木に花が咲くこと、花は咲くべきときに咲くことなのです。

毎年、冬が過ぎたら梅が咲き、春になると桜が咲きます。こうした季節の移り変わりを、私たちは当たり前と思っています。生命の営みは、地球の生態系の絶妙なバランスの上に成り立っています。めったにない奇跡的なことです。まさに日常の中に奇跡が宿っているのです。「柳緑花紅」です。

この話に限らず、当たり前と思われていることの多くは、実は当たり前ではないのです。新型コロナ禍ひとつを見てもわかるように、当たり前のことが当たり前でなくなったときに気づきます。だからこそ当たり前のことに感謝が必要なのです。

❖正しく見極める

一口に「眼横鼻直」と言いますが、あなたは正しく自分の目の位置、鼻の位置を認識していますか。自分の顔をよく見て、初めて眼横鼻直になれます。正しく自分の位置を見極めることが大切です。

ビジネスでも、「忙しいばかりで儲からない」「品質が良いのに商品が売れない」「資金さえあれば新ビジネスが始められる」という人がいます。こんなことばかり言って自分の足元を見ず、ないものを外にばかり求めています。すると、目は斜めに鼻は横に曲がってきます。どれも結局は、眼横鼻直ではないことをやっているのです。

人生も、仕事も、経営も、すべて眼横鼻直です。現実をあるがままに受け入れ、事実をしっかりと見ることです。自分にできる当たり前のことを、愚直にひたすら続けていくことを忘れないでください。

❖マナーは外さない

世の中には、ルールとマナーがあります。ルールは守るべきもので、守らなければ罰則がある場合もあります。これに対し、マナーは守る義務はありませんが、守ることが望ましいものです。基本的には、守ることでお互いが気持ちよく過ごすための心遣いと言えます。

マナーには、交通マナー・接客マナー・携帯マナー・テーブルマナー・ビジネスマナーなどいろいろとあります。いずれも、人としてお互いが気持ちよくコミュニケーションするための潤滑油です。日本語でいえば礼儀・作法です。これをおろそかにしては、何事もうまくいきません。

マナーは特にビジネスをうまく進めるための、まさに眼横鼻直です。当たり前のことです。ビジネスの基礎として、しっかり当たり前に出来ているか、今一度、我が身を振り返ってみてください。

❖いい習慣を身につける

習慣は、日常の当たり前の行動の繰り返しです。たとえ小さな行動であっても、長い間にそれが積み重なることで、あたかも自分が生まれつき持っていた癖であるかのように固定化してきます。習慣が「第二の天性」と言われるのはこのためです。

習慣は、さほど大きな負担や努力を必要とせずに、生活や人生に強い影響を与えられます。良い習慣は悪い習慣より多少身につきにくいものの、少しの努力で大きな効果をもたらします。習慣をうまく活用しない手はありません。

成功している人は、みな良い習慣を身につけています。良い習慣を身につけるには、習慣にしたいことを貼り出すなどして見える化することです。すぐ行動することです。愚直に継続することです。三日坊主でも、１００回やれば３００日です。諦めずにやり続けることで、一年近く継続したことになります。

第9講

無駄なものはない
夏炉冬扇（かろ・とうせん）

この言葉は、「夏の囲炉裏と冬の扇」、時期が外れていて無駄なものという意味です。無用なもの、役に立たないものです。無用の長物のたとえとして、いままでも日常で使われています。しかし、禅による解釈は逆です。

どちらもその季節には不要ですが、囲炉裏は冬に、扇は夏に役立ちます。時期が変われば役に立つときは必ず来ます。世の中には、役に立たないもの、不必要なものはない、意味がないものはない、と解釈するのです。

さらに踏み込んで、夏は暑くて当たり前、冬は寒くて当たり前ということも言えます。夏は暑いと文句を言わずに受け入れるのです。冬も寒いと文句を言わずに受け入れるのです。事実をあるがままに、そのまま受け入れることです。さらに暑さになりきる、寒さになりきるのです。そこでベストを尽くすことが大切です。

道元は、「春は花　夏ほととぎす　秋は月　冬雪冴えて　涼しかりけり」という歌を詠んでいます。当たり前のことを謳っています。季節の素晴らしさを、そのまま受け入れて表現しています。

幕末に活躍した山岡鉄舟は、「晴れてよし　曇りてもよし　富士の山　もとの姿は　変らざりけり」という歌を詠んでいます。どんな天気でも、富士山は富士山としていつも存在しています。天気に関係なく、変わることのない素晴らしさを持っていることを言っているのです。

私たちは、晴れたきれいな富士山を見て喜びます。曇ってよく見えない富士山にがっかりします。「あるがまま」とは「見たまま」ではありません。何ごとも、目に見える姿にばかりに惑わされてはいけません。その先にある変わらない本質を見極める必要があるのです。

❖受身捨身

これは、「うけみ・すてみ」ではなく「じゅしん・しゃしん」と読みます。私たちの命は、「身を受けた」状態であり、無数の因縁・つながりが結ばれた結果、授けられたものです。いただいた命だからこそ、世のため人のため、地球のために尽くすのです。仏教の菩薩行、禅の布施行の考え方です。

みんな、それぞれの役割を持ち、この世に生まれてきます。意味のない人生、価値のない人生はありません。あるとすれば、自分が勝手に思っているだけです。それぞれが具体的に実践すると決めて、世のために行動しましょう。

いただいた生命を大切にします。いただいた生命だからこそ、それにお返しをする気持ちが大切です。持てる力を生かし、世のため人のためにベストを尽くせば、人生は必ず輝きます。どんな人の人生も、必ず役立っているのです。

❖アリとキリギリス

イソップ寓話のひとつに「アリとキリギリス」があります。アリたちは夏の間冬に備えて働き続け、キリギリスはバイオリンを弾き歌を歌って過ごしました。やがて冬が来て、キリギリスは食べ物がなく困ったというお話しです。

原作での最後は、キリギリスはアリたちに食べ物を分けてもらえず死んでしまいます。私たちが知っている話は、アリは食料を分け与え、キリギリスは心を入れ替え働くようになったと改変されたものです。また、アリは働き過ぎで死んでしまったというパロディもあります。さらに、キリギリスが冬にコンサートを開き、その収入で冬が越せたという話もあるとか。

いずれにしても、ただ怠けているだけではだめです。過労死では困りますが、将来のために、今できることをこつこつ精一杯取り組むことの大切さを説く点では、古今東西の教えは共通しています。禅では今が未来であり、未来が今です。今を続けることで未来になります。

❖働きアリ

アリと言えば、「働きアリの法則」という「パレートの法則」（20対80の法則）に似た「2－6－2の法則」があります。働きアリのうち、よく働く2割のアリが8割の食料を集めます。働きアリのうち、本当に働いているのは全体の8割で、残りの2割のアリはサボっています。よく働くアリと、普通に働くアリと、サボっているアリの割合はおよそ2：6：2になります。

おもしろいことに、よく働いているアリだけを集めても、一部がサボり始めて、2：6：2の割合になります。サボっているアリだけを集めても一部が働き出し、やはり2：6：2の割合になります。

一度きりの人生です。上位2割の存在になることです。朝5時に起きるだけでも上位2割です。よく働き・よく遊び・よく学ぶことで人生が輝いていきます。禅でいう全機現です。二度とない人生だから輝いていきましょう。

❖江戸の長屋の居候

現代では、障害者や引きこもりの人など、社会的には居づらい傾向があります。たしかに、効率や役割ばかりを求めると、そうならざるをえない部分は出てくるでしょう。

しかし、今より豊かではなかった江戸時代は、逆にもっと余裕があったようです。長屋には仕事をしない居候がよく居たようですが、長屋の人は居候の人を非難したり、追い出したりはしなかったそうです。

困ったとき、いざというときなどに、居候は大きな力や役割を発揮していたようです。言うなれば予備部隊です。働かない人も、働けない・働いていないだけで、その人の意義や役割がないと考えるのは早計というものでしょう。現象面にとらわれず事実をしっかりみるのが禅です。

第Ⅲ部

第10講　隻手音声

第11講　平常心是道

第12講　日々是好日

第13講　随所作主 立処皆真

第14講　百尺竿頭進一歩

第15講　万法帰一

第10講

片手の音を聴く　隻手音声（せきしゅ・おんじょう）

江戸時代中期の禅僧で臨済宗中興の祖とされる白隠が、修行僧に「両手を打ち合わせると音がするが、片手では、どんな音がするか」と問いました。これを隻手の声（せきしゅのこえ）、もしくは隻手音声と言います。「片手の音を聞きなさい」と説いているのです。

師から修行者に与えられる課題を公案（こうあん）と言います。禅宗の修行法のひとつで、禅問答と言います。

これまでご紹介してきた言葉は、それなりに理解しやすいものでしたが、隻手音声は理解が難しい公案のひとつでしょう。それもそのはずです。常識で考えたら片手だけでは音がしません。しかし、その音を聞けとは何を言わんとしているのでしょうか。

両手で打てば音がするのは常識です。これに対して、片手で音がするというのは非常識を意味しています。常識にはとらわれず、既成概念や固定観念を打破し、真実を理解する大切さを言っているのです。私たちは、言葉や現象にとらわれて、その背後にある原理・原則を見ようとしません。もっと言えば宇宙の法則を見ようとしません。

では、片手の音を聞くためには何が必要でしょうか。まさに「人事を尽くして天命を待つ」です。できることを徹底的にやりきることです。本当にやりきって、手を尽くしてもうどうしようもないとき、八方ふさがりで絶体絶命のとき、ふっと聞こえて来るのが隻手の声なのです。片手の音を聞くためには、怠けていてはだめなのです。やるべきことを精一杯やることです。そうした人にしか聞こえてこない真実の声なのです。論理・矛盾を超えたところに真理があるのです。

❖常識ではできないことをやる

両手の音とは常識です。ビジネスでは、トレンドを追うのは両手の音に過ぎません。単にトレンドを追うのではなく、常識を超えた新しいビジネスモデルを構築することが片手の音と言えます。

逆張りという言葉があります。もともと株などで、相場の下落局面で買い、上昇局面で売る投資手法のことを指しています。転じて、主流となる意見や行動や流行に逆らうことにも使うようになりました。人と同じことをせず、むしろ逆をやるくらいの発想と行動こそ大切なのです。

また、ブルー・オーシャン戦略という言葉があります。血で血を洗う競争の激しいレッド・オーシャンの市場ではなく、競争のない未開拓市場であるブルー・オーシャンを切り開くべきだとする経営戦略論です。これが、まさに片手の音に通ずる発想といえます。

❖山岡鉄舟（鉄太郎）まかり通る

山岡鉄舟とは、勝海舟、高橋泥舟とともに「幕末の三舟」と呼ばれるひとりです。巨漢で剣の達人です。戦火を交えることなく、江戸城の無血明け渡しを実現させた立役者として知られています。

官軍の西郷隆盛に追い詰められた徳川慶喜は、山岡鉄舟を見込んで、静岡に駐留していた西郷のもとに交渉役として送り込みます。そのとき、官軍が警備する中を「朝敵徳川慶喜家来、山岡鉄太郎まかり通る」と大声で堂々と歩いていったというエピソードが残されています。そして、西郷との交渉で、死をも覚悟して単身敵陣に乗り込み、最後まで主君への忠義を貫かんとした鉄舟の信念に西郷も心を動かされたようです。

自分の使命を信じ、堂々とそれをやり切った鉄舟には、片手の音が聞こえていたに違いないと私は思うのです。

❖常識を疑う

長年、禅にもとづく経営指導をしています。そのなかで、毎年多額のお金をかけてカタログを作っている会社がありました。

その会社は、ある年に思い切って新たなカタログを作ることをやめる決断をしました。すると社員は工夫して、お客様に実際の商品を見せたり、より丁寧に商品説明をしたり、以前のカタログの残りを有効活用したり、と営業のやり方を変えました。

その結果はどうだったのでしょう。売上は全く落ちなかったのです。オールカラーの分厚いカタログに、何千万円という経費をかけていました。カタログを作ることをやめることで、経費分がまるまる利益になったのです。商品販売にカタログは必須という常識を疑い、創意工夫によって新たな営業手法を生み出すことができたのです。

隻手音声

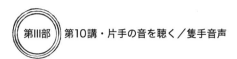

第11講 あるがままの心を持つ

平常心是道（へいじょうしん・これどう）

平常心是道は、「びょうじょうしん・これどう」とも読みます。この言葉は、中国は宋の時代の趙州和尚が、「如何なるか是道」と、師の南泉普願禅師に聞いたことに対し、「平常心是道」と答えられたことに由来しています。ここでの道は、仏の道、悟りの道を意味しています。

平常心というと、私たちは、試験や本番に臨むとき、普段のように感情に左右されず、緊張せずにリラックスしてという意味で使うのが一般的です。しかし、禅の世界では、平常心とは「ものにとらわれず、自分の心に素直である」ことを表しています。

無理をして緊張を押し殺すのは、平常心ではありません。緊張している心こそ、今の自分の真実の姿です。あるがままの心で事実を素直に認め受け入れることです。あるがままの心を認め受け入れるとき、自らが否定していた心はなくなり、緊張感も消え、平常心が生まれてくるものなのです。

ここで注意しなくてはいけないことは、緊張している自分を意識することと、受け入れることとは違うことです。緊張している自分を意識するだけでは、それは分別になってしまい、悟りの道からは外れてしまいます。また、自意識過剰に陥り、却って緊張は強まってしまうかもしれません。

自然に身を任せるのです。無心の境地になるのです。「あるがままの状態そのもの」と一体となることが大切です。あるがまま、見たまま、聞いたまま、感じたままを、そのまま受け入れることです。無心の心に、真理や宇宙の法則が流れ込みます。これが平常心です。

❖お茶が出てくればお茶を飲めばいい

鎌倉時代、曹洞宗の瑩山（けいざん）禅師は、師匠の義介禅師（永平寺3世）から平常心について問われて「茶に逢ふては茶を喫し飯に逢ふては飯を喫す」と答えました。この答えによって、印可（悟りの証明）を受けられました。

文字通り「お茶が出てくればお茶を飲み、ご飯のときはご飯を食べる」と言っているだけです。この意味するところは、そこに雑念がなく、日常の当たり前のことを、あるがままに受け入れる積み重ねこそが大切ということです。

平常心とは決して難しいものではありません。私たちは、日頃さまざまな雑念や人からの評判や噂に左右されがちです。しかし、そうしたものを気にせず、たんたんと日常を送ればいいのです。自分のご機嫌は自分でとることです。

❖どこでも道場、いつでも修行

お茶が出てくればお茶を飲み、ご飯のときはご飯を食べればいいからと言って、だらだらと過ごしていいという意味ではありません。禅は、眼横鼻直―当たり前のことを実践し、前後際断―今に全力で生きることを説いているのです。

悟りというと、厳しい修行の末に得られるものというイメージがありますが、照顧脚下―「いま・ここ」にあるのです。愚直に・地道に・徹底的にやることが、悟りにつながる道なのです。

「どこでも道場・いつでも修行」です。私たちの日々の日常を大切にし、こつこつと、もくもくと、たんたんと努力を続けていきましょう。これが、全機現―人生を全面開花させる早道なのです。

目の前の仕事を一所懸命にやることです。ボトルネックを解消しましょう。

❖危機管理と平常心

日本は地震や台風など災害の多い国です。まして感染症など、いまや日本だけではなく世界中で、いつ何が起こってもおかしくない時代を私たちは生きています。まさに危機管理が問われる時代です。

大切なのは、事前の対策準備と心構えです。禅の境地を体得していれば、驚くことも慌てることもありません。あるがままの事実を素直に受け入れ、できることにベストを尽くせばいいからです。

無理は禁物ですが、何もやらないのはもっと禁物です。スーパーボランティアの尾畠春夫さんも、「いま・ここ」で、自分にできることを最大限やっているのです。しかも、尾畠さんは自分の我やこだわりを捨て、身心脱落し、被災者とひとつになり（一体一如）、全機現しているように私には見えます。

平常心是道

第12講

毎日が、かけがえのない一日
日日是好日（にちにち・これこうじつ）

「毎日が良い日だ」と受け止められ、気持ちのいい日が続けば、「日日是好日」と言ってしまいそうです。禅的には、一日一日を、かけがえのない日として大切に精一杯生きれば、いい日にすることができるという意味です。いい日だという受け身の状態ではなく、いい日にしようという主体的な姿勢を指しているのです。

そのため、「にちにち」は「日々」ではなく「日日」と書く方が、ニュアンスを正しく表現しています。「日々」では、つながった流れとしての「毎日」というニュアンスになります。「日日」なら、「一日一日」という独立した一日の積み重ねというニュアンスが感じられます。

一日一日を精一杯生きるために大切なことは、「照顧脚下」「両忘」「前後際断」「眼横鼻直」です。「照顧脚下」足元に注意することです。「両忘」なにごとも比較しないことです。「前後際断」過去も未来も切り離し今ここに集中することです。「眼横鼻直」当たり前のことを当たり前にやることです。

私たちは、無意識のうちについ、天気や運の良し悪し、他人と自分、昨日と今日を比較しがちです。雨の日も、雪の日も、風の強い日も関係ありません。昨日の調子と今日の調子を比較しても意味はありません。今日という日は、二度と来ないのです。かけがえのない一日であり、精一杯生きれば、雨の日だろうと雪の日だろうと好日なのです。

❖今日は残りの人生の最初の日

「初心忘るべからず」と言います。これは能を大成した世阿弥（ぜあみ）の言葉です。一般的には、「初めの志を忘れてはならない」という意味で使われています。

世阿弥の『花鏡』では次のように書かれています。「是非の初心忘るべからず。時々の初心忘るべからず。老後の初心忘るべからず」、未熟だったときの芸、その年齢においての芸、老年期になっての芸を「忘るべからず」と言っています。人生のそれぞれの段階で、気持ちを新たにして芸の向上に励むことを説いているのです。

「今日は残りの人生の最初の日」。薬物中毒患者救済機関「シナノン」の設立者であるチャールズ・ディードリッヒの言葉です。相通ずるものがあります。こう考えることで、今日という一日がかけがえのない大切な日であることが実感できます。毎日が本日開店です。

❖一期一会

一期一会（いちご・いちえ）は、茶道に由来する日本のことわざです。千利休の弟子が「山上宗二記」に「一期に一度の会」と残しています。茶会は、一生に一度のものと心得て、誠意を尽くして臨むべきであるという心得を示しています。これが転じて、「人との出会いは、一生に一度の出会いであり、二度とないかもしれないから大切にせよ」という意味で使われています。

人との関係において、その瞬間瞬間はかけがえのないものです。その意味では、まさに日日是好日に通ずる考え方です。私たちの人生は出会いの連続です。人だけではなく、動物や植物のほか、自然や街など、目の前のあらゆるものとの出会いもあります。ご縁を生かすことです。

こうしたすべての出会いも、この日限りのことと思い、真剣に一所懸命に向き合っていくことです。そのことが、イキイキと生きることにつながっていくのです。すべての問題の根本は人間関係です。

❖目的意識を持つ

本書冒頭の第1講で、「いま・ここ」「ただ・ひたすら」あることに集中する、夢中になることの大切さについて書きました。夢中になれば無心になれます。目的意識を持つことは不要に思えますが、目的意識はなければいけません。目的意識を持ち、仕事をやっているときには目的意識を忘れるくらい集中します。

目的意識というより、目標・方向性と言った方がいいかもしれません。進むべき方向性が曖昧だと、エネルギーが分散し、夢中にも無心にもなりにくいものです。

目的や目標は明確にしておきましょう。それを大きく目の前に掲げることで、集中力はアップします。夢中になれ、無心にもなれます、日日是好日が実践できるのです。

❖運が良くなる5つの法則

運は、偶然に左右されるものではありません。よく「運を引き寄せる」という言い方があります。自分の姿勢によって、運はいくらでもよくすることができます。

運の良くなる5つの法則があります。

1．自分は運が良いと信じる
2．何事も前向きに考える
3．愚痴を言わない
4．すべてに感謝する
5．毎日ありがとうを言う

初めは、意識しないとできません。繰り返しているうちに次第に身につき、習慣になれば運が引き寄せられます。まさに禅の姿勢、禅のマインドセットに通ずるものが多くあります。

第13講

主体性を失わない
随所作主 立処皆真
（ずいしょ・さくしゅ・りっしょ・かいしん）

これは、漢文としては「随所に主となれば立処皆真なり」と読みます。中国唐代の禅僧で、臨済宗の開祖である臨済義玄の言葉です。

この言葉は、「いついかなる場所にいようとも、自分の意思と判断で主体的に行動する。あなたの今いる場所や日々の生活は、あなたを生かす真実となる」という意味です。

私たちは、まわりの意見や空気に流されがちです。特に日本は、昔から「世間体」

とか、「世間知らず」とか、「世間に顔向けができない」とかよく言います。「世間」ばかりを気にして、まわりの「空気」に左右されがちです。自分の言いたいことを言ったり、やりたいことをやったりするのがなかなか難しい同調圧力が強い国です。

世間を知らない若い人たちの間でも、集団で群れることを良しとする人が多くいます。「KY」＝「空気が読めない人」という隠語が広く使われるようになって久しくなります。言うだけならまだしも、集団から逸脱する人を仲間外れやいじめの対象とする傾向も見られます。

世間や場の空気に同調していては、いつまで経っても本当の真実の自分は見えてきません。いつどこにいても、何ものにも束縛されず、自己の意思をもち、自分の頭で考え決断を下し、主体性をもって精一杯生きていくことが大切です。

必ずや真実が立ち現れてきて、自分らしいイキイキとした生き方ができるはずです。臨済義玄が亡くなって1150年余、禅の教えは、まさに時空を越えて今も生きているのです。

❖自分の人生の主人公は自分

「自分の人生の主人公は自分」と言える生き方をしていますか。自分にできることが、まだまだたくさんあるのに、うまくいかないことを、まわりのせいにしていませんか。

人生には物語があります。その物語の脚本は、自分で書くべきなのです。誰しも、かけがえのない個性や能力をもって生まれています。そのことに早く気づき、自分を生かす生き方をすることです。自分の人生を存分に演じていくのです。自分という物語の主人公としての生き方です。

別に主人公だからといって、いつもスポットライトを浴びて中心にいる必要はありません。どこにいても自分自分がイキイキとしていればいいのです。脇役は脇役として主人公です。照明係は照明係として主人公です。

❖情熱と覚悟

仕事で大切なことは、知識やハウツーではありません。情熱と覚悟です。最近の人は、情熱と覚悟が足りません。セールスで一番になりたいのなら、本気で一番になると強く思うことです。情熱と覚悟があれば、運も味方してくるものです。

情熱は必要条件です。やる前からあれこれ悩まずに、覚悟を決めることが大切です。覚悟とは、苦労が予想されても受けて立つ心構えを持ち、腹を決めて強い心で行動することです。

覚悟は、もともと禅の言葉です。「覚」も「悟」も「さとり」と読みます。覚悟を決めて行動することが、迷いを消し、道理や真実を悟ることになります。

❖フランクルが発見したもの

ヴィクトール・E・フランクルの『夜と霧』という本をご存じでしょうか。第二次世界大戦中、ナチスの強制収容所に入れられ2年半を過ごした精神科医が、無事生還した後に書いた本です。その体験を考察した内容で、世界的ベストセラーになっています。

明日をも知れぬ過酷な環境のなかで、フランクルは発見しました。人は極限状況に置かれようとも、その状況に対し、どう振る舞うかという精神の自由だけは誰も奪えないということです。自己を見失わず、人間としての尊厳を守るか堕落するのかは自分自身で決められるのです。禅と共通しています。

フランクルは、生命が自分たちに何を期待しているのか。未来で我々を待っているものは何かを知ります。その義務を果たすことで、生きる意味が生まれることを説いたのでした。

随所作主 立処皆真

第14講

さらに一歩進む
百尺竿頭進一歩（ひゃくしゃく・かんとう・しんいっぽ）

これは、唐代の長沙景岑（ちょうさ・けいしん）という禅僧と石霜（せきそう）和尚との禅問答に出てくるで言葉です。石霜和尚が、「百尺竿頭如何が歩を進めん」との問いに、長沙禅師は「百尺竿頭にすべからく歩を進め、十方世界に全身を現ずべし」と応じました。道元も「古人云く」として『正法眼蔵随聞記』に、この言葉を引用しています。

百尺竿頭とは、約30メートルの長い竿の端（先頭）のことです。長く厳しい修行を経て到達できる悟りの境地を意味しています。悟りを開いたとしても、修行の道に終わりはありません。頂点を極めたと思っても、そこに踏みとどまることなく「さらに一歩を進めよ」と説いているのです。

通常は、竿の先まで来て、さらに先に進むと落ちてしまうと考えます。だから誰も進もうとは思いません。それは、そこで終わりと思っているから終わりなのです。実は、竿はまだまだ続いているのかもしれません。伸びているのかもしれません。修行の道に終わりはないのです。人生は死ぬまで勉強です。

また、「十方世界に全身を現ずべし」とは、「全世界に自己の全身を実現せよ」という意味です。竿の先からさらに一歩進むことで、自分の全能力を発揮し、開花させることです。すでに学んだ「全機現」し続けよ、と言っているのです。

私たちの人生も、まさに長い竿の上を歩いているようなものです。今、長い竿のどこにいるのか、なかなか分かりません。先端まで来たと思ったら、先端はまだまだ先だったりします。目標を達成したからと言って、そこに安住してはいけません。もう先はないと思っても、落ちることを恐れてはいけません。清水の舞台から飛び降りる気持ちです。思い切ることで新たな道が開けるものなのです。

❖修行に終わりはない

「衆生本来仏なり」と言います。「みんな本来は仏である」という意味です。では、仏なのになぜ修行をするのでしょうか。道元は答えを求めて中国に渡り、持って帰ってきたものが只管打坐と眼横鼻直でした。

仏だからこそ修行をするのです。仏だからこそ只管打坐するのです。仏だからこそ進一歩するのです。それが当たり前の世界です。悟ったからと言ってそこに安住すると、その瞬間から心に雑草が生えてきます。毎日毎日進一歩しないと、あっという間に雑草だらけになります。

人間は、ちょっと油断するとマンネリに陥ります。考えない・行動しない・挑戦しないのです。楽な方楽な方を選ぼうとします。絶えず、さらに一歩進むことが大切です。目標に到達したと思っても、さらに次の目標を設定し、進化しましょう。もうこれで十分と思ったら、そこから堕落・劣化が始まります。

❖経営はどうあるべきか

長年経営に携わってきました。経営とは決断の連続です。どこかで迷いを吹っ切り、決めなくてはなりません。その際、大切なのは、目的は何かをはっきりさせることです。目的がはっきりしないから迷いが生じるのです。

経営はどうあるべきか、私にとって経営の目的とは何かは、絶えず進化してきました。三〇代は「勝つ経営」でした。四〇代は、勝つだけではだめで「勝ち続ける経営」が必要と思うようになりました。さらには「百年続く経営」を追求するようになりました。

その後「社員が幸せになる経営」に進化しました。今では「楽しい経営」こそがベストと思っています。これは、私にとっては「百尺竿頭進一歩」。自分なりに到達した経営のあり方に満足せず、絶えず「進一歩」を忘れずに実践している結果でもあるのです。

第15講

すべてはひとつに帰す 万法帰一（まんぽう・きいつ）

「ばんぽう・きいつ」とも読み、趙州（じょうしゅう）という唐代の禅僧の言葉です。臨済と並び称される名僧で、臨済が棒で喝を入れる厳しい家風に対し、平易な言葉で法を説き、名問答を多く残したことで知られています。

この言葉もその名問答のひとつです。ある若い僧が趙州に「あらゆる存在は一なるものに帰着する（万法帰一）と言いますが、その一はどこに行くのですか」と聞きました。これに対する答えは「私は青州にいたとき、襦袢を一枚作った。重さは七斤であった」と答えました。

禅問答という言葉は、はたからは何を言っているのか分からない問答の例えとしても使われます。これがまさに「禅問答」です。もともと禅は、知識や論理では体得できません。頭で考えるより感じることを重視します。だからこそ坐禅や修行を必要としているのです。この問答には、禅の極意の一端が表れています。本来なら「一帰万法」(一は万法に帰す)という答えが正解でしょうが、やや力の入った質問にユーモアをもって答えているとも言えます。

趙州は、「日々の生活は森羅万象とつながっている。あるがままを受け入れ、あるがままに生きる。これこそが自然の摂理や宇宙の法則に身をゆだねることになる」と説いています。自分のなにげない生活を例えとして表現していると受け止められます。

禅が指し示しているものは同じです。ひとつです。「禅」という字は、単純の単に「しめすへん」です。つまり真理を単純にシンプルに示しているのです。ただひたすら夢中になる(只管打坐)→こだわりを脱落して無になる(身心脱落)→対象とひとつになる(一体一如)→人生を全面開花させることができる(全機現)のです。そうした禅の世界観を一言で表現しているのが「万法帰一」です。

❖花は愛惜に散り

道元の『現成公案』に、「花は愛惜に散り草は棄嫌におふるのみなり」という文章があります。「花は咲くと、人には愛され惜しまれつつ散るのに、雑草は嫌われつつ生えては捨てられる」という意味です。

花も雑草も同じ植物です。いずれも自然の因縁や宇宙の法則によって生まれてきたものです。花は、人に喜んでもらいたくて咲いたわけではありません。雑草は人に嫌われるために生えたのではありません。それなのに、人間の都合や主観で勝手に良し悪しを決めているのです。

個々のものの良し悪しを取り沙汰するのは、人間のこだわりです。思い上がりです。森羅万象は、ひとつのものとしてつながっています。その事実、その現実を、私たちは、あるがままに受け止めることです。素直に受け入れることが何よりも大切だと思います。

❖百花春至為誰開

「ひゃっか・はるいたって・たがためにひらく」と読みます。「美しく咲き乱れるたくさんの春の花は、いったい誰のために咲いているのか」と問いかけた言葉です。宋代に編集された『碧巌録』という禅問答集に出てきます。

花は誰のためでもなく、生命のままに、ただ無心に咲いているのです。無心とは、心がないということではなく、あるがまま、自然のままが無心です。人間は、不平不満を言いますが、花のように不平不満をもらさず無心に生きることが大切です。

良寛にも「花は無心にして蝶を招き、蝶は無心にして花を尋ぬ」という詩があります。ずばり無心と書いています。お互いの利害や分別ではなく、自然の摂理により、無心にその流れに従うことです。すべてうまくいきます。

第Ⅳ部

『現成公案』を読んでみる

❖現成公案とは

『現成公案』（げんじょう・こうあん）とは、道元が生涯をかけて執筆した『正法眼蔵』全75巻の第1巻として冒頭に位置する書物です。

2400字程度の比較的短い文書ですが、『正法眼蔵』の基本的な考え方を端的に示しており、これを読むだけでも、道元の禅思想のエッセンスに触れることができます。

それもそのはず、道元自身が後に編集して『現成公案』を冒頭に配置したと言われているためです。しかも、『現成公案』の最後には、「これは、天福元年（1233年）中秋（8月15日夜）の頃に書いて、九州大宰府の俗弟子楊光秀に与えたものである」との註釈が添えられています。

この文章は、自分の弟子あてに書いた私信だったのです。そのため、教え諭すような啓蒙的な雰囲気も感じられます。難解ではありますが、一般の人がまず読むには、最適な文書だといえましょう。

私自身も、意味がわからないうちから、覚えるほど音読して味わってきました。自分が書いた経営書にも、原文のまま全文を掲載したこともあるほど大切にしています。

そこで、今回はじめて対訳にして掲載することにいたしました。世に『現成公案』の訳文は何十もあり、ひとつとして同じものはありません。解釈はさまざまですが、なるべく原文に沿った形でひもといてみました。ひとつの解釈例として、参考にしながら味わっていただければ幸いです。

なお、原文には、段落などの切れ目も小見出しもなく、どこで段落分けをするかで、解釈も違ってきます。しかし今回は、見やすさ読みやすさを考えてページ配分するとともに、便宜的に小見出しも入れています。

❖ 1―序

諸法の仏法なる時節　すなはち迷悟あり　修証《しゅしょう》あり
生《しょう》あり　死あり　諸仏あり　衆生《しゅじょう》あり
万法《まんぽう》ともに　われにあらざる時節　まどひなく　さとりなく
諸仏なく　衆生なく　生なく　滅なし
仏道もとより豊倹《ほうけん》より跳出せるゆゑに
生滅《せいめつ》あり　迷悟あり　生仏《しょうぶつ》あり
しかもかくのごとくなりといへども
華《はな》は愛惜《あいじゃく》にちり　草は棄嫌《きけん》におふるのみなり

【訳】

この世のあらゆる事柄を仏法で認識すると、迷いや悟りがあり、修行があり、生があり死があり、仏があり衆生（迷える人間）がある、と言うことができます。

あらゆる事柄を、無我でとらえるならば、迷いと悟り、仏と衆生、生と死はひとつです。

仏の道は、もともと豊かとか貧しいといった相対的な考え方を超越しています。生と死、迷いと悟り、仏と衆生があるといっても、それらを実体とはとらえません。

そうであったとしても、愛でる花が散れば、惜しい気持ちが起き、雑草が生えれば、嫌な気持ちを抱くのが私たち人間なのです。

❖2—悟り・一如

自己をはこびて　万法を修証するを　迷《めい》とす
万法すすみて　自己を修証するは　さとりなり

迷を大悟するは諸仏なり　悟《ご》に大迷なるは衆生なり
さらに　悟上に得悟する漢《かん》あり　迷中又《う》迷の漢あり

諸仏のまさしく　諸仏なるときは　自己は諸仏なりと
覚知することをもちゐず　しかあれども証仏なり　仏を証しもてゆく

身心を挙《こ》して色《しき》を見取し　身心を挙して声を聴取するに
したしく会取《えしゅ》すれども　かがみにかげをやどすがごとくにあらず
水と月とのごとくにあらず　一方を証するときは　一方はくらし

【訳】

自分からあらゆる事柄を理解しようとすることは悟りにはなりません。迷いに過ぎません。あらゆる存在の方から働きかけがあり「身心脱落」していると悟りが開けるのです。

迷いを迷いとして受け止め悟る者を仏と呼びます。悟りに執着して迷う者を衆生と呼びます。さらに、悟りの上に悟りを重ねる者がいれば、迷いのなかでさらに迷う者もまたいます。

どんな仏でも、仏として悟り生きているときは、自分は仏であるといった思いを生じることはありません。それでも、その者は明らかに仏であり、仏として生きる者は、その行いによりまさしく仏なのです。

全身全霊で、自然の景色や声に真理を発見しようとしたとき、身心（自己）と色声（万法）とが一体になることがあります。それは鏡と影、水と月のように、相対するものが一体になるのではありません。

❖3—身心脱落①

仏道をならふといふは　自己をならふなり
自己をならふといふは　自己をわするるなり
自己をわするるといふは　万法に証せらるるなり
万法に証せらるるといふは
自己の身心および他己の身心をして脱落せしむるなり
悟迹《ごせき》の休歇《きゅうかつ》なるあり　休歇なる悟迹を長長出《しゅつ》ならしむ

【訳】

仏道（大覚・リーダー道・経営道）を習うということは、自分という存在を明らかにすることです。

自分という存在を明らかにするということは、自我の意識を忘れ去ることです。

自我の意識を忘れ去るということは、あらゆる事柄に照らし出され、自己が明らかになることです。

あらゆる事柄に照らし出され、自己が明らかになるということは、自分や他人という考え・こだわりから「身心脱落」することです。

自我の意識などの悟りの跡形は、休み切って消えています。休み切って消えている跡形は、ずっとそのままにさせておくのがいいのです。

❖ 4―身心脱落②

人　はじめて法をもとむるとき　はるかに法の辺際《へんざい》を離却《りきゃく》せり
法　すでにおのれに正《しょう》伝するとき　すみやかに本分人《ほんぶんにん》なり

人　舟にのりてゆくに　目をめぐらして　きしをみれば
きしのうつるとあやまる

めをしたしくふねにつくれば　ふねのすすむをしるがごとく
身心を乱想して　万法を弁肯《べんこう》するには　自心自性《じしょう》は常住なるかとあやまる

もし行李《あんり》をしたしくして　箇裏《こり》に帰《き》すれば
万法のわれにあらぬ道理あきらけし

【訳】

人がはじめて仏法を学ぼうとするとき、仏法からは遠く離れています。仏法が自分に正しく伝わったならば、すぐに人は、本来の自分、つまり仏になります。

船に乗っているとき川岸を見ると、動いているのは船ではなく岸が動いているように見えます。目を近くの船に戻せば、船が動いていることがわかります。

自分の身心を勝手に考えてしまい、あらゆる事柄も自分で判断していると、自分の心も本性も（真実は無我無常であるのに）変わることはないと間違えます。

（行李のような）日常の現実に目を正しく向け直せば、あらゆる事柄は無我であるという道理が明らかになります。

❖ 5 — 一体と時間①

たきぎは　はひとなる　さらにかへりて　たきぎとなるべきにあらず

しかあるを　灰はのち　薪《たきぎ》はさきと　見取すべからず

しるべし　薪は薪の法位に住《じゅう》して　さきあり　のちあり

前後ありといへども　前後際断せり

灰は灰の法位にありて　後《のち》あり　先あり

かの薪　はひとなりぬるのち　さらに薪とならざるがごとく

人のしぬるのち　さらに生《しょう》とならず

【訳】

薪は燃やせば灰になります。灰になったものが薪に還ることはありません。

しかしながら、灰は後、薪は先であると見なしてはいけません。よく知るべきです。薪は薪以外の何ものでもありません。薪のままで前があり、後もあるのです。前後があるといっても、それは断ち切れています。

同様に、灰は灰以外の何ものでもありません。灰のままで後があり、前もあるのです。

この薪は、灰となってから、さらに薪にならないように、人が死んだ後には、再び生き還ることはありません。

❖6―一体と時間②

しかあるを　生の死になるといはざるは　仏法のさだまれるならひなり
このゆゑに不生《しょう》といふ

死の生にならざる　法輪《ほうりん》のさだまれる仏転《ぶってん》なり
このゆゑに不滅《ふめつ》といふ

生も一時《ひととき》のくらゐなり　死も一時のくらゐなり
たとへば　冬と春とのごとし
冬の春となるとおもはず
春の夏となるといはぬなり

【訳】

それを、生が死になるとはいわないのは、仏法の定められた決まりです。
このために「不生」というのです。
死が生にならないことも、仏法の定められた教えです。
このために「不滅」というのです。
生も一瞬の姿であり、死も一瞬の姿です。
たとえば、冬と春のようなものです。
冬そのものが春になるとは思わないものです。
春そのものが夏になるとはいわないものです。

❖ 7―一体と空間

人の悟《さとり》をうる　水に月のやどるがごとし
月ぬれず　水やぶれず

ひろくおほきなる光にてあれど　尺寸の水にやどり　全月も弥天《みてん》も
くさの露にもやどり　一滴の水にもやどる

悟の人をやぶらざること　月の水をうがたざるがごとし
人の悟を罣礙《けいげ》せざること　滴露《てきろ》の天月を罣礙せざるがごとし

ふかきことは　たかき分量なるべし
時節の長短は　大《たい》水小水を検点《けんてん》し　天月の広狭を弁取すべし

【訳】

人が悟りを得るのは、水に月が映るようなものです。月は濡れず、水も月によって波立ちません。

月は広く大きな光ですが、わずかな水に宿るのです。満月にも満天にも、草の露にも宿り、一滴の水にも宿るのです。

悟りが人間を傷つけないのは、月が水を突き破らないのと同じです。人間が悟りの邪魔をしないことも、一滴の露が天空の月の邪魔をしないのと同じことです。

修行が深ければ深いほど、悟りの次元も高くなるべきです。修行の時間の長短によって悟りにも違いがあるので、大きな水か小さな水かを確認し、天空の月の広い狭いも見極めていくべきです。

❖ 8—一体と充足①

身心に法いまだ参飽《さんぼう》せざるには　法すでにたれりとおぼゆ
法もし身心に充足すれば　ひとかたは　たらずとおぼゆるなり
たとへば　船にのりて　山なき海中にいでて　四方《よも》をみるに
ただまろにのみみゆ　さらにことなる相《そう》　みゆることなし
しかあれども　この大海　まろなるにあらず　方《ほう》なるにあらず
のこれる海徳　つくすべからざるなり
宮殿のごとし　瓔珞《ようらく》のごとし

【訳】

身と心に仏法が行き渡っていないときは、仏法はすでに足りていると思いがちです。

身と心に仏法が充足してくると、逆にまだ足らないと思うものです。

たとえば、船に乗って、陸地が見えないような大海にまで出て四方を見ると、海は水平線が丸く見えるばかりで、それ以外のものには見えません。

しかし、海が本当に丸いわけではなく、四角いわけでもなく、海の有り様は知り尽くすことはできません。

魚には宮殿のように見え、人には装飾のように見えるかもしれません。

❖9――一体と充足②

ただ　わがまなこのおよぶところ　しばらく　まろにみゆるのみなり
かれがごとく　万法もまたしかあり
塵中格外《じんちゅうかくがい》　おほく様子を帯《たい》せりといへども
参学眼力のおよぶばかりを　見取会《え》取するなり
万法の家風をきかんには　方円とみゆるほかに　のこりの海徳山徳
おほく　きはまりなく　よもの世界あることをしるべし
かたはらのみ　かくのごとくあるにあらず
直下《じきげ》も一滴も　しかあるとしるべし

【訳】

ただ、自分の眼には、とりあえず丸く見えたというだけのことです。あらゆる事柄についても同様に、自分の眼で正しく見ているわけではありません。

俗世間にも仏法の世界にも、いろいろな景色があります。人は、学んで自分の眼で見える範囲のものしか見ることはできません。

だから、あらゆる事柄の真実を知りたいなら、丸とか四角に見えるといったことにとらわれない。眼に見えない海や山は極まりなく、四方に世界が広がっていることを知るべきです。

自分の周囲だけが、このようにあるのではなく、自分自身も一滴の水も、すべてそのようにあるということを知るべきです。

❖10―修行への誘い①

魚《うお》の水を行《ゆ》くに　ゆけども水のきはなく
鳥そらをとぶに　とぶといへども　そらのきはなし
しかあれども　魚鳥《ぎょちょう》いまだむかしより　みづそらをはなれず
ただ用大のときは使《し》大なり　用小のときは使小なり
かくのごとくして　頭頭《ずず》に　辺際をつくさずといふことなく
処処に　踏飜《とうほん》せずといふことなし　といへども　鳥もしそらをいづれば
たちまちに死す　魚もし水をいづれば　たちまちに死す
以水為命《いすいいみょう》しりぬべし　以空為命しりぬべし
以鳥為命あり　以魚為命あり
以命為鳥なるべし　以命為魚なるべし

【訳】

魚は水のなかを泳ぐとき、泳いでも泳いでも水に終わり（際）はありません。鳥は空を飛ぶとき、飛んでも飛んでも空に終わりはありません。そうであるから、魚も鳥も、今も昔も、水や空を離れたことがありません。ただ、大きく泳ぎ大きく飛ぶときは、海や空を大きく使うだけです。小さく泳ぎ小さく飛ぶときは、海や空を小さく使うだけです。

このようにして、魚も鳥も、自分の限りを尽くしていないということはないのです。その所々で全力を尽くしていないということはありません。だからといって、鳥がもし空を出てしまえば、たちまち死んでしまいます。魚がもし水を出てしまえば、たちまち死んでしまいます。

そのため、魚にとっては水あっての命であり、鳥にとっては空あっての命です。水に命を与えてこその魚であり、空に命を与えてこその鳥なのです。

❖11―修行への誘い②

このほかさらに進歩あるべし　修証あるべし
その寿者命者《じゅしゃみょうしゃ》あること　かくのごとし

しかあるを　水をきはめ　そらをきはめてのち
水そらをゆかんと擬《ぎ》する鳥魚あらんは　水にも　そらにも
みちをうべからず　ところをうべからず

このところをうれば　この行李《あんり》したがひて現成《げんじょう》公案す
このみちをうれば　この行李したがひて現成公案なり

このみち　このところ　大にあらず　小にあらず　自にあらず　他にあらず
さきよりあるにあらず　いま現ずるにあらざるがゆゑに　かくのごとくあるなり

【訳】

こうした境地にとどまらず、さらに修行を重ね進むべきです。何を命として生きるかに、それぞれ修行と悟りがあります。そこに寿命があるということは、そういうことなのです。

ですから、水を極め、空を極め尽くしてから、水中を泳ごう、空を飛ぼうと思う魚や鳥がいたならば、道も居場所も得ることはできません。

(極め尽くしてからではなく)居場所を得れば、日常生活に従い、真実があるがままに現れてきます。(極め尽くしてからではなく)道を得れば、日常生活に従い、真実があるがままに現れてくるのです。

この真実の道も居場所も、大小の問題ではなく、自他の問題でもなく、前からあったわけでもなく、今現れてきたものでもないから、真実はあるがままに現れてくるのです。

❖12―修行への誘い③

しかあるがごとく　人もし仏道を修証するに
得一法　通一法なり　遇一行　修一行なり

これにところあり　みち通達せるによりて　しらるるきはの　しるからざるは
このしることの　仏法の究尽《くじん》と同生《しょう》し同参するゆゑに　しかあるなり

得処《とくしょ》　かならず自己の知見となりて
慮知《ぎち》にしられんずると　ならふことなかれ

証究《しょうきゅう》　すみやかに現成すといへども　密有《みつう》　かならずしも現成にあらず
現成　これ可必《かひつ》なり

【訳】

そうであるように、人が仏道の修行をするとき、ひとつの法（真実）を得れば、ひとつの法に通ずるのです。ひとつの行に遇えば、ひとつの行を修めることができるのです。

そうした法や行が自分の居場所です。その道はどこにでも通じています。知るということが、仏法の究極の真理とつながっています。同時に修行をしているために、知ることの限界まで知ることができない（修行の成果が見えにくい）のです。

修行で得たものが、必ず自分の知見となって知恵となると、思ってはいけません。

究極の悟りは、すぐにあるがままに現れるといっても、自分に近しい悟りは、必ずしも現れるとは限りません。目に見えることはありますが、いつもそうとは限りません。

❖ 13—悟りと実践①

麻谷《まよく》山宝徹禅師　あふぎをつかふ　ちなみに　僧きたりてとふ
風性常住《ふうしょう》　無処不周《むしょふしゅう》なり　なにをもてか　さらに和尚　あふぎをつかふ

師いはく　なんぢただ風性常住をしれりとも　いまだところとして
いたらず　といふことなき　道理をしらずと

僧いはく　いかならんか　これ無処不周底《むしょふしゅうてい》の道理

ときに師あふぎをつかふのみなり

僧　礼拝《らいはい》す

【訳】

昔、麻谷山に住んでいた宝徹禅師が扇を使っていたときに、修行僧が来てこんな質問をしました。「風というものは常にあります。行き渡っていないところはありません。それなのに、どうして和尚様は、さらに扇であおいでいるのでしょうか」

師は答えました。「あなたは風が常にあることを知っているようだが、行き渡っていないところがないという道理は知ってはいないようだ」

僧はたずねました。「では、行き渡っていないところがないとは、一体どういうことなのでしょうか」

そのとき、師は答えず、扇であおいでいるだけでした。

それを見た僧は、師の意図に気づき、礼拝をしました。

❖ 14―悟りと実践②

仏法の証験　正《しょう》伝の活路　それかくのごとし

常住なれば　あふぎをつかふべからず
つかはぬおりも　風をきくべしといふは
常住をもしらず　風性をもしらぬなり

風性は常住なるがゆゑに　仏家の風は
大地の黄金なるを　現成せしめ　長河の酥酪《そらく》を参熟せり

【訳】

仏法を明らかにし、その本質を正しく伝えるということは、まさにこのような対応のことです。

「風（仏性）は常にあるから、あえて扇を使う（修行をする）必要はない、使わなくても風に当たれる」という考え方は、風が常にあることの意味も、風の意味するものも理解していません。

風は常にあるからこそ、仏家の風は、大地を黄金に変え、大河の乳水をさらに熟成させるのです。

第V部

坐禅の仕方

❖坐禅の効能

坐禅は、禅にとって最も重要な修行です。近年は「心身ともにスッキリする」「ストレス解消になる」と、その効能が注目されています。そのため坐禅会に参加する老若男女が増えております。

禅本来の立場からすると「只管打坐」です。ただひたすら坐ることが説かれ、「坐禅は効能を求めて行うものではない」と言われるかもしれません。しかし、坐禅の効能には科学的根拠があることがわかっています。

ひとつは、その腹式呼吸法（丹田呼吸法）です。おへその4～5センチ下のところにある丹田で呼吸することにより、セロトニンが分泌され、活性化することがわかっています。

セロトニンは、脳を興奮させるノルアドレナリンや、脳に快楽を与えるドーパミンと並ぶ三大神経伝達物質です。セロトニンの役割は、ノルアドレナリンやドーパミンの暴走を抑えバランスを取ることです。そのため、心を静め、ストレス解消にもつながるのです。

【坐禅のススメ】科学的な効能の根拠のある坐禅は、「心身ともにスッキリする」「ストレス解消になる」と多くの老若男女が実践しています。

また、私たちの脳波は、目を開けて日常活動をしているときにはベータ波が出ています。坐禅をしていると、心身ともに安静な状態になります。目を開けていても、目を閉じているときと同じくリラックスしたときに現れるアルファ波が出ることがわかっています。

アルファ波は、別名「幸福の脳波」と呼ばれます。セロトニンは、別名「安心のホルモン」と呼ばれます。坐禅をすることで、セロトニンやアルファ波が増えるからこそ、心身をすっきりさせ、ストレス解消にもつながるのです。

❖坐禅の準備

服装は、ゆったりとして動きやすく、足が組みやすい服装を選びましょう。当然、スカートやジーンズは不向きです。ベルトなどはゆるめにし、靴下やストッキングは脱いで裸足になります。腕時計やアクセサリーもはずします。

坐禅会では、受付終了後、会場（御堂）に入ります。御堂までは、両手を合掌して進みます。そして、仏様にお尻を向けないように、壁側の足から入ります。

坐禅をする場所（坐位）についたら、まず自分の坐位に向かって合掌低頭します。続いて右回りで向き直り、同じく合掌低頭します。前の動作を隣位問訊（りんい・もんじん）、後の動作を対坐問訊（たいざ・もんじん）と言います。両隣の人と向かい側の人に対する無言の挨拶を意味します。

坐布団の上に腰を下ろします。

坐布団にそのまま坐ってもいいのですが、初心者の方は、別途、丸形の蒲団（「坐蒲」と言います）があると背筋が伸びやすく、姿勢も崩れず安定します。ない場合は、

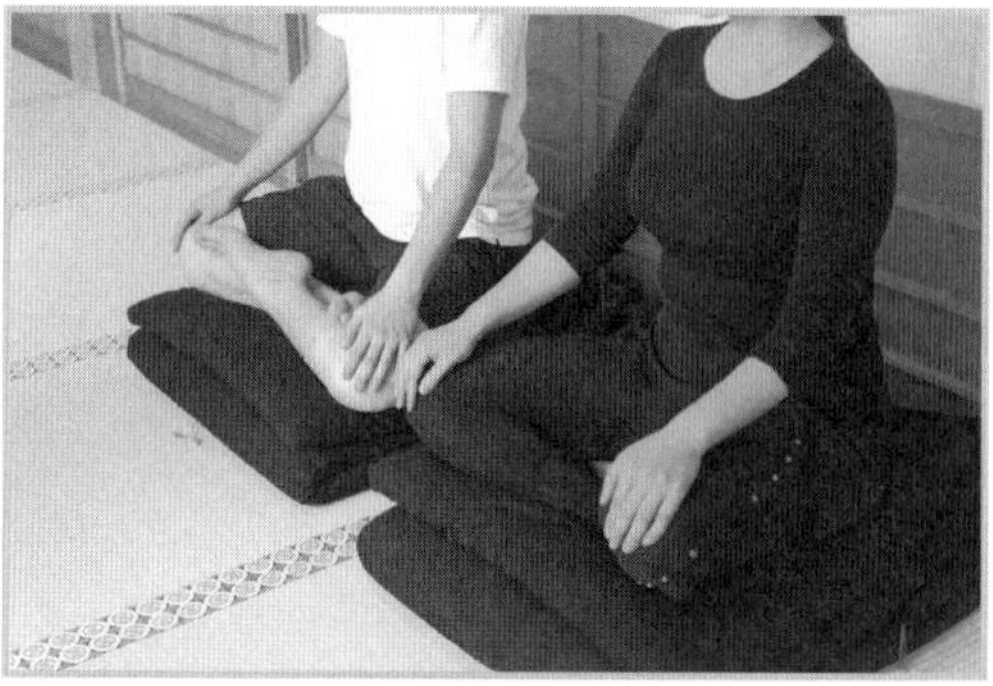

【足の組み方】基本は両足が両ももに乗っている状態です。関節が固い人は無理をせず片足だけ乗せて下半身を安定させます。

もう1枚坐布団を二つに折って、坐布団の後方、お尻の下に敷いてください。

❖足の組み方

坐禅をするときの足の組み方は、2つあります。結跏趺坐（けっか・ふざ）と半跏趺坐（はんか・ふざ）です。

結跏趺坐は、右の足を、左の太ももの上にのせ、次に左の足を、右の太ももの上にのせます。

半跏趺坐は、右の足を、左の太ももの上にのせます。左の足は右の太ももの下に入れます。結跏趺坐がむずかしい方は、半跏趺坐で構いません。

❖手の組み方（印の結び方）

手の組み方は2つあります。ひとつは、「法界定印」です。右手を下、左手を上にします。第2関節をあわせます。両手の親指を軽くあわせ、楕円の輪をつくります。その手をおへその下（丹田）に軽く添えます。

もうひとつは、「白隠流」です。左手の親指を右手の人指し指以下4本と親指ではさむようなイメージで、左手で右手を握る方法です。

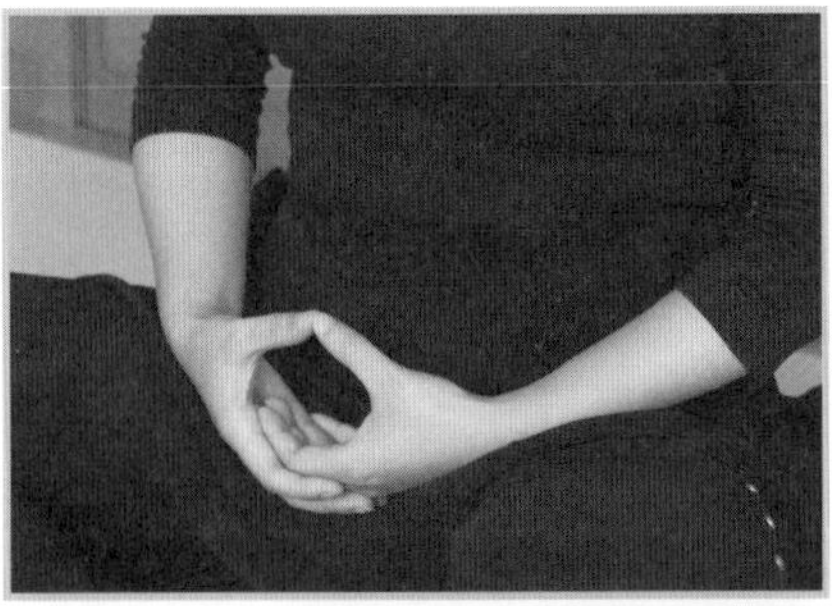

【手の組み方・法界定印】
右手が下、左手が上。第2関節を合わせます。両手の親指を軽く合わせて、卵形の輪をつくります。おへその下（丹田）に軽く添えます。

【手の組み方・白隠流】
左手で右手を軽く握ります。左手の親指を右手の人差し指以下4本と親指ではさむようなイメージです。

❖目・口について

坐禅をしているときは、目はつぶりません。道元禅師も、「目は常にすべからく開くべし」と言っています。目を開けていると、妄想も眠気も起こりにくくなります。顔は正面を向いたまま、視線だけ、前方の下へ45度、1メートルくらい先の所に落とします。これが「半眼」と呼ばれる坐禅での目です。一点を見つめてはいけません。

口は、唇を軽く引き締め、普通に口を閉じます。そして、舌先を軽く上あごの付け根に押し当てます。完全に力が抜けていると、上あごに付かないので注意してください。

法界定印が崩れていないか、舌がちゃんと上あごについているか、目が半眼になっているか、を確認します。それぞれ気が抜けていないかがチェックポイントになります。

❖坐相の決め方

坐って足を組んだら、次に上半身を調えます。上体を真っ直ぐに伸ばし、頭のてっぺんからお尻まで、体の中心に一本の軸が通っている様をイメージします。

次に「欠気一息」（かんき・いっそく）で深呼吸します。続いて腰から上を左右にゆっくりと動かしていきます。前後の動きを入れても構いません。お尻は動かさず、初めは大きく、だんだんと小さくして真ん中で止めます。最もバランスがとれる安定した体軸の位置を決めます。

これを左右揺振（さゆう・ようしん／左右揺身とも書きます）といい、坐禅を始めるときには欠かせません。これで上半身が安定したら、そのまま坐禅に入ります。

❖呼吸の仕方・整え方

「呼吸」という熟語は、実は、呼く（はく）と吸う（すう）の反対語の組み合わせです。呼くを主にして長く、吸うを従にして短くします。「呼主吸従」で行うのが坐禅の呼吸のポイントです。体中の空気を全部吐き出す感じで、吐き切ることが大切です。吐き切れば、自然に空気が入ってきます。

静かに深々と下腹部の筋肉に力を入れ、体中のすべての空気を吐き出します。その勢いで、続けて鼻から息を吸い込みます。その後の呼吸は、鼻で静かにゆっくりと行います。

吐き出すときに、心の中でゆっくりと「ひと〜つ」と数えます。「ひと〜」で、落ち着いて静かにゆっくりと深く吐きます。体内の空気を残らず吐き切るように、できるだけ長く吐きます。

【坐禅の開始】坐禅の開始時と終了時には合掌します。背筋を真っ直ぐに、できるだけゆっくりと丹田を意識して息を吐きましょう。初めての方は何も考えないようにするために、吐く息の数を数えることをお勧めします。

そして「つ」で吸います。一息ごとに全部を吐き出せば、吸おうと思わなくても自然に空気が体の中に入ってきます。そして、「ふた〜」で吐き、「つ」で吸います。「み〜」で吐き、「つ」で吸います。これを、一から十までやり、終わればまた、一から十まで繰り返します。この呼吸法を「数息観」（すそくかん）と言います。

頭の中には、さまざまな雑念が浮かんでくることがあります。そうしたものにとらわれないで、息と一緒に吐き出します。数えている数が分からなくなったら、「ひとつ」に戻ります。

この数息観の呼吸法のいいところは、立っていても、椅子に腰掛けていても出来ることです。夜、寝付きが悪いときなど、仰向けのままやってみるのもお勧めです。

❖警策について

警策とは、坐禅のとき、修行者の肩や背中を打つための棒のことです。正確には、警覚策励（けいかくさくれい）といい、略して警策と言います。読み方は、曹洞宗では「きょうさく」、臨済宗では「けいさく」となります。「警」は「警める＝いましめる」とも読み、戒める意味があります。警策は、打つ側は「警策を与える」、打たれる側は「警策をいただく」という言い方をします。

一般に、警策は、心がゆるみ坐禅に集中していないことに対する罰のように思われています。実際に、坐禅の姿勢や法界定印が崩れていたときなど、警策をもつ役の直堂（じきどう／直日＝じきじつともいう）が判断して、警策を与えることがあります。

しかし、警策は罰ではなく励ましです。雑念があるとき、眠気に襲われたときなど、坐禅に集中できない場合は、自らが希望して受けることもできるのです。

警策をいただきたいときは、坐ったまま合掌をして意思を示します。直堂が軽く右肩に警策を当てますので、受ける側は、合掌して首を左に傾け、少し前傾します。警策を受け終わったら、身体を元に戻し、合掌低頭してから坐禅を続けます。

曹洞宗の坐禅は、右肩を1回打つだけですが、臨済宗の坐禅は、左右の背中を夏季は2回、冬季は4回打ちます。季節によって打つ数が異なるのは、服装の違いによるそうですが、季節を問わずに3回もしくは4回打つ禅堂もあります。

❖坐禅の終え方

正式には、坐禅の始まるときは「止静」（しじょう）といって、鐘を4声（4回）鳴らし、終えるときは「放禅鐘」（ほうぜんしょう）といって、鐘を1声（1回）鳴らします。

坐禅を終了するときは、左右揺振を行います。始めのときとは逆で、最初は振り幅を小さく体を揺らしていき、次第に大きくしていきます。こうして、上半身の緊張を取り除いていくのです。

上半身の緊張が取れたら、次に足をゆっくりと解いていきます。無理にすぐ立ち上がる必要はありません。足がしびれている場合もありますので、十分ほぐしてから立ち上がって構いません。

坐蒲を使った場合は、坐って形が崩れていることが多いので形を整えます。上から体重をかけるように回しながら揉んでいくと、うまく形を整えられます。

最後に、一緒に坐禅をした人たちに、始めたときと同じように合掌低頭し、両隣の人と向かい側の人に対する無言の挨拶をします。

❖坐禅をする時間

坐禅をする時間の単位は炷（ちゅう）と言います。線香が1本燃え尽きる時間のことで、それが坐禅1回の時間であり目安になっています。

しかし、線香の長さや太さなどにより、その時間は当然のことながら異なり、1本40～45分程度です。一般の坐禅会は20～30分のことが多いようです。1回の時間の長さより、短くてもなるべく毎日坐ることの方が大切です。

禅の効用として前述したアルファ波は、出てくるまでには15分程度かかり、セロトニンが活性化するには30分程度必要です。その意味では、坐禅は、1回当たり30分程度行った方が好ましいと言えます。

あとがき

私は学生時代からOA機器の販売会社を経営しました。10余年で社員150名を超す会社に育てました。成功したなかで、このままでいいのかという漠然とした違和感がぬぐえませんでした。そのため、さまざまな講演会や勉強会に参加していました。

そのなかで、のちに私が師と仰ぐ田里亦無（たざと・やくむ）先生の話を聞く機会がありました。とても衝撃を受けたことを今でも鮮明に覚えています。その後、先生からは、さまざまなことを教えていただきました。

先生は多くを語りません。先生に初めてお会いしたとき、「私はエゴを追求した経営をしていました」と手紙を書きました。数日後、先生からのお返事は「あなたはいいところに気がついた。もはや教えることはない。頑張りなさい」でした。

また、「剃刀ではなく鈍刀になれ」とも言われました。禅を学び始めて50年近くなります。半世紀近くも鈍刀になる修行をしていると、鈍刀は一生使えることもわかりました。

禅は、頭で考えるものではありません。感じるものです。その意味では、本書は、あくまでも、きっかけ・手がかりでしかありません。坐禅をしていただき、あなたなりの気づきが得られ、悟りに近づけることを願ってやみません。

令和三年八月吉日

ＩＳＫ経営塾塾頭／経営コンサルタント

ゼントレプレナー（Zentrepreneur）

飯塚　保人

保人師の著書を拝読して

私が初めて師を尋ねたのは2013年の3月のことです。カウボーイハットに太くまっすぐな声が印象的でした。

――経営はどうあるべきか、私にとって経営の目的とは何かは、絶えず進化してきました。30代は「勝つ経営」でした。40代は、勝つだけではだめで「勝ち続ける経営」が必要と思うようになりました。さらには「百年続く経営」を追求するようになりました。その後「社員が幸せになる経営」に進化しました。今では「楽しい経営」こそがベストと思っています――

出会い以降、東京を訪れる度に参禅させて頂き、経営の世界に身を置き成功を収めながら、常に謙虚に大胆に御自身のあり方を進化させ続ける師の姿を目の当たりにしてきました。

前書きには本書の目的がはっきり書かれています。

――今回、より多くの方、とくにビジネスパーソンに、禅的思考や坐禅に親しんでいただくために新たな本を発刊することにいたしました――

そこに一切迷いがありません。

会う度に「釈迦に説法だけど」と笑いながら聞かせてくれる師によって厳選された禅の言葉は、いつも何度でも声に出したくなる普遍的な響きを持つものばかり。お師匠様である故田里亦無師から学んだ道を愚直に歩み続ける偽りのない生きた言葉、経営の後学の一人一人に全力で向き合ってきた実体験に基づく真心からのメッセージです。

――「剃刀ではなく鈍刀になれ」とも言われました。禅を学び始めて50年近くなります。半世紀近くも鈍刀になる修行をしていると、鈍刀は一生使えることもわかりました――

――禅は、頭で考えるものではありません。感じるものです。その意味では、本書は、あくまでも、きっかけ・手がかりでしかありません。坐禅をしていただき、あなたなりの気づきが得られ、悟りに近づけることを願ってやみません――

そう言いきりながらあえてこの本を書く。その心情を想うと自然と浮かんでくるのは師の底抜けに明るい笑顔と、温かい他己への眼差し。それは経営に真摯に向き合う喜心、老心、大心、すなわち禅僧の姿そのものです。古今東西このような有志が法を護り禅を伝えていくのだと、私の心の奥底からも、禅で変わる勇気が湧いてくるのです。

――山陰にて　星覚　九拝

■著者プロフィール

飯塚 保人（いいづか・やすんど）

ＩＳＫ経営塾塾頭／経営コンサルタント
ゼントレプレナー（Zentrepreneur）

学生時代に会社を設立し、大手企業のシステム開発、ＯＡ機器販売を手がける。取引先より経営相談を頻繁に受けたことをきっかけに、企業・経営者の育成を目的としたアイエスケー・コンサルティング株式会社を設立し、「ＩＳＫ経営塾」を主宰。

以来、通算110期を超える経営塾で、塾頭として経営トップ及び経営幹部の指導を行い、卒業生はおよそ3,000人を越える。

経営コンサルタントのベースを禅から修得したため、禅に対する造詣が深く、経営の悩み・苦しみ・楽しみ・喜びなど経営者の気持ちが解る指導者として評価が高い。経営の基本、原理・原則を踏まえた上での、時流を的確に捉える指導法で企業の経営改革に数々の実績を上げている。顧問先はいずれも史上最高の決算を出しており、“勝ち続ける経営”を指導する第一人者として活躍中。

著書に『日めくり 人生をひらく絶対積極』（JDC)、『1分間経営術』(致知出版社)、『社長の着眼』（ＪＤＣ)、『できるビジネスマンはここが違う』(現代書林)、『今すぐはじめたい50の原則』(現代書林)、『会社を伸ばし人を育てる愚直経営』（リヨン社)、『禅 happiness』（平成出版)、『経営キーワード集』『To Do List』（ＩＳＫ）などがある。

・東京青年会議所シニア会員
・東京紀尾井町ロータリークラブ会長（2004～2005年）
・経営禅研究会主宰

経営禅研究会主宰の坐禅会です。

■経営禅研究会

開催：毎月第２木曜日
時間：18:00 ～ 20:00
場所：霊泉院（東京都広尾）
https://www.keiei-zen.com

QR コード→

■早朝坐禅会

開催：毎月最終金曜日
時間：6:30 ～ 8:30
場所：ISK コンサルティング（株）
　　　会議室（東京都千代田区）
https://www.isk.ne.jp/zen/morning_zen.html

QR コード→

■オンライン坐禅会

開催：毎月第３土曜日
時間：7:00 ～ 8:30
場所：zoom にて
https://www.zen.isk.ne.jp

QR コード→

お問い合わせ先：経営禅研究会 03-3230-1850

平成出版 について

本書を発行した平成出版は、基本的な出版ポリシーとして、自分の主張を知ってもらいたい人々、世の中の新しい動きに注目する人々、起業家や新ジャンルに挑戦する経営者、専門家、クリエイターの皆さまの味方でありたいと願っています。

代表・須田早は、あらゆる出版に関する職務（編集、営業、広告、総務、財務、印刷管理、経営、ライター、フリー編集者、カメラマン、プロデューサーなど）を 経験してきました。そして、従来の出版の殻を打ち破ることが、未来の日本の繁栄 につながると信じています。

志のある人を、広く世の中に知らしめるように、商業出版として新しい出版方式を実践しつつ「読者が求める本」を提供していきます。出版について、知りたい事やわからない事がありましたら、お気軽にメールをお寄せください。


book@syuppan.jp 平成出版 編集部一同

ISBN978-4-434-29068-8 C0010

禅で変わる勇気

令和３年（2021）９月 10 日 第１刷発行

著　者　**飯塚 保人**（いいづか・やすんど）

発行人　須田早

発　行　**平成出版** 株式会社
〒104-0061 東京都中央区銀座７丁目 13 番５号
ＮＲＥＧ銀座ビル１階
経営サポート部／東京都港区赤坂８丁目
TEL 03-3408-8300　FAX 03-3746-1588
平成出版ホームページ https://syuppan.jp
メール : book@syuppan.jp

発　売　株式会社 星雲社（共同出版社・流通責任出版社）
〒112-0005 東京都文京区水道 1-3-30
TEL 03-3868-3275　FAX 03-3868-6588

タイトル書／歌う書道家　内村明日香
編集協力／荻須宏起、安田京祐、大井恵次
企画・執筆協力／徳留佳之
制作協力・本文 DTP ／ P デザイン・オフィス
印刷／㈱ ウイル・コーポレーション